A TRAVÉS DEL
TURQUESTÁN RUSO

LA TUMBA DE TAMERLÁN

A TRAVÉS DEL
TURQUESTÁN RUSO

Por

STEPHEN GRAHAM

Ecos de Oriente

Título original: *Through Russian Central Asia*
Año original de publicación: 1916
Autor: Stephen Graham

© 2024, de la traducción: Daniel Jorge Hernández Rivero

Todos los derechos reservados. Queda prohibida la reproducción total o parcial del contenido de esta obra sin autorización.

Primera edición: Junio 2024

© de esta edición: Ecos de Oriente

www.ecosdeoriente.com

ISBN: 978-1-0686007-0-8

Fotografía de cubierta: Mausoleo en un cementerio al sur de Biskek (Baytik), Kirguistán.

Índice

Introducción......9

1. Salida de Vladikavkaz......13
2. Donde florece el desierto......26
3. Maravillosa Bujará......35
4. Ciudades mahometanas y mahometismo......46
5. La historia de las tribus de Asia central......57
6. Tashkent......69
7. La conquista rusa......79
8. En la carretera......89
9. Compañeros de viaje......149
10. En la frontera china......165
11. «Noche de verano entre los nómadas»......177
12. Más allá de la frontera siberiana......197
13. Sobre el río Irtish......205
14. El territorio del maral del Altái......213
15. La declaración de guerra......223

Itinerario del viaje de Stephen Graham
(1914)
Mar Caspio
Mar de
Aral
río Amu Darya (Oxus)
Krasnovodsk
(Turkmenbashi)
Asjabad
Merv
Bujará

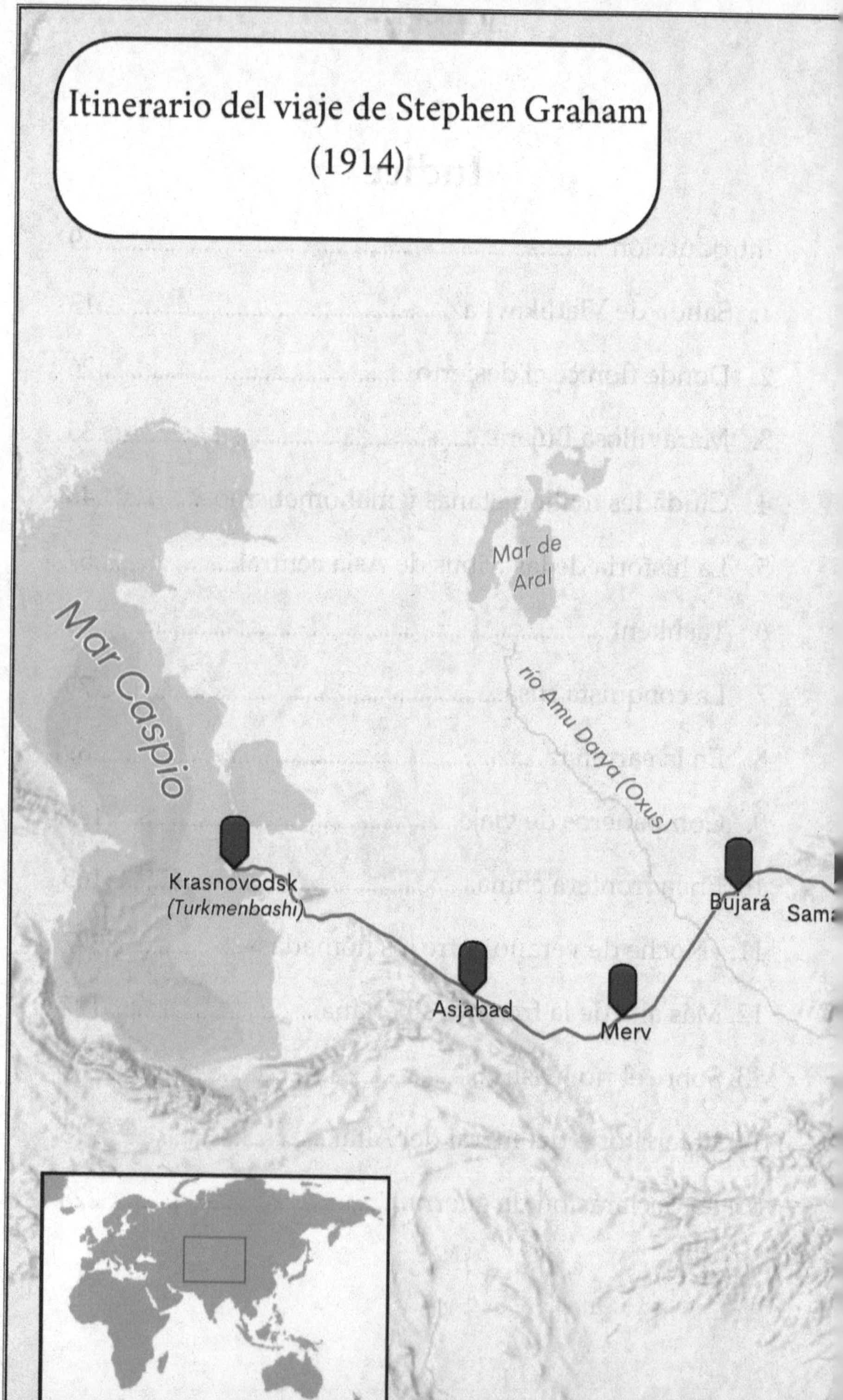

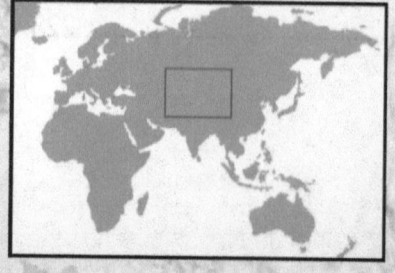

río Irtish

Semipalátinsk
(Semey)

Altái

Malo-Krasnoyarsk
(Malo-Krasnoyarka)

Sergiopol *(Ayagoz)*

Lago Baljash

Ince-Agatch *(Dzhus-Agachskiy)*

Lepsinsk *(Lepsy)*

Kopal *(Qapal)*

Karachok

Auliye Ata
(Taraz)

Biskek

Verny *(Almaty)*

Issyk-Kul

Tian Shan

kent

nt

Pamir

Desierto de
Taklamakán

Kunlun

dú Kush

río Indo

Himalaya

Introducción

EL viaje que se relata en estas páginas lo hice en el verano anterior a la Gran Guerra, y aunque el registro de mis impresiones y la historia de mis aventuras estaban completamente escritos en mi diario de ruta y en los artículos que envié al periódico *The Times*, había pensado posponer la publicación de mi libro hasta algún momento más tranquilo después de la guerra. Pero los días pasan, y nos estamos acostumbrando a vivir en estado de guerra; la guerra se ha convertido casi en una condición normal de la existencia. Al principio no podíamos hacer otra cosa que considerar los hechos de la gran disputa de las naciones y las hazañas de los ejércitos. Por el momento, la guerra parecía ser nuestra vida, nuestra cultura y nuestra religión. Sin embargo, las cosas han cambiado. La guerra empezó a oprimirnos, pero ahora nos está dando mayor libertad. Nos hemos interesado más por la vida doméstica de nuestros aliados, por las perspectivas de la «posguerra» en Europa, por el futuro de nuestro Imperio británico y del mundo en general. La guerra nos ha dado una mayor conciencia, y nos hemos vuelto, como dicen algunos, «continentales». En cualquier caso, somos mucho menos insulares. Francia y Rusia se han convertido en lugares reales para el hombre de la calle, y el relato que hace de ellos es más creíble. Incluso nuestro campesino puede decir dónde está Galípoli, Mesopotamia, Egipto, Salónica, Bulgaria, Serbia, aunque, de hecho, con frecuencia he oído referirse a esta última como Siberia. «Mi hijo se ha ido a Siberia», dice un paisano; «es un lugar frío». Nuestra imaginación va más lejos, y los jóvenes de todas las clases piensan en hacer viajes lejanos cuando termine la guerra. No estamos menos interesados en otras cosas, sino más; sólo menos interesados en la vieja y sofocante vida comercial e industrial de la época anterior a la guerra, de las habitaciones mal ventiladas, los horizontes circunscritos, la aburrida rutina. Se abren nuestros horizontes, todos los corazones tienen mayores esperanzas, y lo que nos conmueve se convierte en algo muy poderoso. Leemos más, leemos mejor y, entre otras cosas, pensamos más en países extranjeros, en imperios, en climas lejanos. La guerra, que ha unido a tantas naciones, ha despertado la imaginación. Ha mezclado nuestros temas de conversación y ha enriquecido nuestra vida con nuevos colores, nuevas ideas. Así que, tal vez, el relato de este viaje y mis impresiones sobre una interesante, aunque remota, porción del imperio del zar no vengan mal ahora. Además, durante la guerra se han aclarado muchos problemas, especialmente los del Imperio británico, aunque no por ello resueltos del todo, y creo que un estudio de una vasta extensión del Imperio ruso, y de sus problemas y su futuro próximo, no puede sino ser útil.

Entre las cartas que me ha enviado el *Times*, hay una escrita sobre un artículo que se ha convertido en un capítulo de este libro:

> Desde que era niño y me empapaba con la lectura de *Las mil y una noches*, nunca me había sentido tan cautivado hasta que leí un artículo suyo titulado *Hacia el Turquestán*, que apareció en *The Times* hace mucho tiempo (¿el pasado mayo?). Soy un viejo y cansado recluso. Llevo más de sesenta años leyendo. Estoy muy extinguido, pero mi desierto también floreció con sus rosas.

Un encanto inefable emanaba de las rosas (creo que debían de ser del tipo negro-rojo). Extrañas figuras, ricas vestimentas, todo solemnizado, por así decirlo, por un glamour crepuscular hecho de influencias mágicas. Todo tan real, pero remoto. Repito, nunca me habían llevado tan lejos desde que era niño. Había otro artículo que recorté y perdí... pero no lo valoré como valoré el artículo de Turquestán, donde figuras a la vez extrañas y dignas te saludaban y te despedían con rosas. Y el atardecer las empapa de una bruma dorada. Y todavía se mecen allí mientras el viajero que las ha hechizado en su escritura prosigue su camino...

He imprimido esta carta porque fue muy emotivo tenerla y me conmovió. ¡Qué las rosas vuelvan a florecer!

Estoy en deuda con los editores de *The Times* y *Country Life* por el permiso para volver a publicar partes de este libro previamente impresas en sus columnas, y con *Country Life* por el permiso para reproducir las fotografías. Para estas fotografías, excepto las relativas al Altái, estoy principalmente en deuda con el profesor de francés de la Escuela Militar de Tashkent y con señor Drampov, de Biskek. Hay que obtener un permiso especial para entrar en el Asia central rusa y, como yo iba a pie, la posesión de una cámara fotográfica podría haber dado lugar a sospechas de espionaje militar. Así que hice que me enviaran la cámara a Semipalátinsk[*], que está en Siberia, y sólo la utilicé en la parte siberiana de mi viaje. Mi agradecimiento también al señor Wilton, el cortés y hábil corresponsal de *The Times* en Petrogrado[†], que me consiguió el permiso para viajar por el Asia central rusa.

Stephen Graham.

---

[*] Semey.
[†] San Petersburgo.

I

Salida de Vladikavkaz

A principios de la primavera de 1914 caminé una vez más hasta el monte Kazbek. En realidad era demasiado pronto para hacer senderismo, hacía demasiado frío, pero fue en este viaje cuando decidí cuál debía ser mi verano. Una vez que te has convertido en el compañero del camino, este te llama una y otra vez. Incluso en invierno, cuando tienes que caminar a paso ligero todo el día, y no puedes sentarte en ningún banco de tierra o árbol caído para escribir un poco o descansar, y cuando no puedes dormir fuera y sólo tienes la perspectiva de congelarte en algún miserable café o posada; el camino sigue estando frente a la puerta de tu casa, lleno de encanto y misterio. Quieres saber adónde conducen los caminos y qué puede haber en ellos más allá de la tenue línea azul del horizonte.

Estamos en marzo y salgo de Vladikavkaz por la carretera georgiana, pero sólo en un viaje de cuatro días hasta el monte Kazbek y vuelta. De hecho, el camino más allá está probablemente atascado por la nieve, y no se puede avanzar más. Pero ya veré cómo se presenta el año en el Cáucaso.

La quietud de la mañana, un silencio circundante. Una conciencia del silencio en lo profundo del espacio. Cinco kilómetros de carretera llana, de color marrón, se extienden rectos desde la ciudad en las estepas hasta la pared oscura y vacía de las montañas. Más allá de la pared negra y por encima de ella están las cordilleras superiores cubiertas de nieve, y sobre todo, casi fundiéndose en el azul profundo del cielo caucásico, las laderas relucientes y húmedas de hielo de la cúpula del Kazbek. El sol preside el día, y como muestra personal quema la frente, aunque los pies pisen parches de nieve crujiente en las orillas amarillo-verdosas del páramo. No hay lagartijas tomando el sol, ni insectos al vuelo, ni flores: ni una mora, ni una prímula, ni una campanilla de invierno. Sólo pequeñas bandadas de lúganos surgiendo inesperadamente de huecos bañados por el sol como si fueran saltamontes gordos. Apenas una ocasional hoja marrón loca que corretea sobre la hierba marchita caída. Hay una bruma sobre los bosques plumosos de las colinas, pero ningún pájaro canta. La naturaleza, que casi puede describirse en negación, muestra tan poco de su gloria, que hace que el corazón duela aún más.

Picapedreros persas, martillo en mano, sentados en esteras junto a los montones de rocas; carretas primitivas que avanzan pesadamente con sus cargas de margas o paja de maíz o hielo; jinetes que parecen centauros por sus grandes capas negras que unen la cabeza y los hombros a los pequeños caballos caucásicos; esa es toda la vida en esta estación del año de la única gran carretera sobre las montañas, la gran carretera militar de Vladikavkaz a Tiflis. No hay coches de motor, ni tranvías, ni carruajes ligeros con la alta burguesía dentro, ni trenes.

Al detenerse en un montículo soleado para almorzar, se oye a cien metros de distancia el río Térek como el sonido de un viento en el bosque, la impetuosa corriente fluye entre costras blancas de espuma helada y se baña de verde contra los peñascos coronados de hielo. Durante cien kilómetros el camino es el del valle del Térek. Pasa el río Redant y luego se convierte en el compañero visible del río, serpenteando con él entre la grandeza primitiva de sus rocas. El Kazbek comienza a desaparecer, oculto por su barrera de acantilados, su «kremlin»; pero durante más o menos un kilómetro, su casquete nevado permanece a la vista sobre los grandes riscos desiguales y dentados. Los humos azules de la aldea de Balta y el valle de tejados rojos del Dálin se elevan en el cielo de la tarde. La carretera se adentra en la escalofriante sombra del desfiladero de Yérajov, y uno mira con pesar hacia atrás, a la roja franja iluminada por el sol que queda a sus espaldas. El río Térek, enmarcado por el blanco de la nieve, se mueve en una gran curva a través de un amplio desierto de piedras y nieve. Una gélida corriente de aire de montaña se cuela por la hendidura de las frías rocas grises. En la carretera desierta, los postes y cables del telégrafo adoptan esa expresión siniestra que tienen en las vastas y solitarias extensiones montañosas. La abertura por la que se entra en el desfiladero se convierte en un triángulo púrpura, y muy por encima de uno, resplandece la montaña de la Mesa, iluminada por el sol y de color tabaco.

El camino se estrecha. Por un lado, el río ruge entre rocas cubiertas de hielo; por otro, el cieno negro gotea y susurra continuamente. El tenue carmesí de la puesta de sol ilumina las marchitas torres de Furtog, y luego, una a una, las estrellas amarillas salen como lámparas sobre las paredes de las montañas.

Hay tres posadas entre Vladikavkaz y la montaña de Kazbek. Me quedé en la segunda, en Larse, y cené con unos treinta georgianos, osetios y rusos, obreros de la carretera y viajeros fortuitos. Aquí oí muchos rumores sobre el destino comercial de la carretera militar, sobre el túnel de treinta kilómetros que hay que excavar, sobre el inglés llamado

Stewart, el «Jefe del Térek» (*Josaín Tereka*) que tiene el contrato para abastecer de electricidad a todo el Cáucaso, que hará o no hará una central eléctrica a la sombra del castillo de la reina Tamara, que necesita una cascada artificial de seiscientos metros de altura.

—Pero el proyecto se ha enfriado —dije yo.

—Quedará en nada —replicaron los montañeses—, hace diez años que se habla de estas cosas, pero nada ha cambiado, salvo que nos hemos empobrecido.

Pero el posadero es optimista:

—Llegará. Habrá un tranvía de la ciudad hasta Kazbek. Los tranvías pasarán por delante de mi puerta. Tendremos luz y cocina eléctricas, y nos haremos ricos.

Permanecimos los treinta en una habitación toda la noche. Rusos de cara cuadrada, amables y sociables, vestidos con blusas; georgianos y osetios altos, de aspecto romano, con largas capas, puñales en sus ceñidas cinturas y altos sombreros de piel de oveja en la cabeza. Comían con voracidad pan, queso e hígado de cerdo negro, metiendo los restos en los sacos de sus capuchas de invierno, gente asombrosa a la vista, estos caucásicos; aunque medio muertos de hambre, eran de gran estatura y fuerza de hierro, con cabezas finas, anchas e inteligentes, cejas profundamente delineadas y astutas, narices largas, aguileñas y en forma de pico. Serían espléndidos soldados, pero no tan buenos «soldados de la industria». Es un pueblo que suele fracasar cuando va a América. Todos conocían a hombres que habían ido allí y habían regresado con historias de desempleo o explotación. Casi ninguno de ellos tenía una buena palabra que decir de América. Todos, sin embargo, esperaban con impaciencia el momento en que el Cáucaso se desarrollara al estilo americano y se llenara de prosperidad occidental. Dormimos en las mesas de la posada, en la barra, en los huecos de las ventanas, en los formularios, en los sacos del suelo; la lámpara de queroseno estaba a baja potencia y casi todo el mundo roncaba.

Nos levantamos todos antes del amanecer, y acompañé a un molinero osetio que buscaba pedernal para su molino, y entramos en el desfiladero de Darial mientras las estrellas se oscurecían en el cielo. Era una brusca mañana invernal, y a medida que el camino ascendía y se estrechaba, el viento era penetrante. Las rocas goteantes del verano, donde a menudo había hecho mi té matutino, estaban ahora envejecidas por el invierno, y tenían mechones de pelo gris colgando de largos carámbanos y espesas marañas de hielo. Los arroyos y cascadas que caían precipitadamente eran escalones de mármol helado desde el Térek hasta la cima de la montaña.

Entramos en el desfiladero por el pequeño puente rojo que, como un tirante, une las dos orillas del río en su punto más estrecho. Las estrellas desaparecieron. En alguna parte estaba saliendo el sol, pero su luz sólo se veía en el cielo tan lejano. Contemplamos la ruina verde y primitiva de la naturaleza, los peñascos rojos, marrones, grises y verdes de Darial en su variada inmensidad y diversidad de formas, los vastos desiertos de guijarros y cantos rodados, los adamantinos hombros de pórfido, las frías y pesadas inmensidades de roca sostenidas sobre el atrevido sendero, los remolinos del río que saltaban como tigres sobre las cornisas centrales entre los reductos de hielo.

Mi compañero osetio cogió varias piedras y las golpeó con su daga para ver lo bien que chispeaban y, habiendo encontrado aparentemente lo que quería, aceptó que lo llevaran en un carro tirado por bueyes y regresó a la posada de Larse. Quizá hacía demasiado frío para él. Caminé hasta el acantilado cuadrado de Tamara y el diente de la muralla del antiguo castillo, donde la reina Tamara agasajaba a traición a los forasteros, haciéndoles el amor y dándoles un festín, para luego mandarlos a asesinar; el castillo donde una vez llegó el diablo disfrazado de tan desafortunado vagabundo: el escenario de la historia del *Demonio* de Lérmontov.

Esto fue una vez la frontera de Asia, y el país romántico de un orgulloso pueblo luchador. A día de hoy, a pesar de los proyectos ferroviarios y de la esperanza de que el río proporcione electricidad al Cáucaso, el castillo de la reina Tamara sigue siendo casi lo más nuevo. Es moderno al lado de la antigüedad y majestuosidad de las ruinas naturales. Aquí el mundo real parece sobresalir a la luz del día a través del verde césped y la tierra alfombrada de flores, golpeándonos terriblemente, como la aparición de Dios Padre saliendo de las enramadas del Edén. Uno se siente en presencia de algo incluso más antiguo que la propia humanidad, y se pregunta qué diferencias notaría si, con las galochas de la Fortuna en los pies, pudiera transportarse mil años atrás, dos mil, tres mil, y así sucesivamente. ¿Qué opinaban de esto los antiguos? Sostenían que fue en el monte Kazbek donde Prometeo fue atado como castigo por robar el fuego del cielo. ¿Fue eso lo que dijeron la primera vez que alcanzaron temerosos las llanuras del norte?

¡Un camino antiguo! Y a su vuelta, la puerta del «Kremlin» de Darial, y el imponente Kazbek elevándose hacia el cielo en su interior. He aquí una de las regiones más maravillosas y románticas del mundo. Pero no fue para ver el Kazbek por lo que hice este viaje, sino para encontrar de nuevo cierta cueva donde años atrás encontré a mi compañero de camino, el lugar donde vivimos y dormimos a la orilla del río. Estaba allí como lo dejé, familiar, tranquilo, a la orilla del río, brillando al sol del mediodía, y las rocas de granito sostenían hilos y perlas de hielo, los pendientes de las rocas. Y me hubiera gustado volver a encontrarme con mi compañero. Pero el cielo sabía bajo qué parte de su dosel vagaba entonces el vagabundo. Sentí nostalgia de volver a caminar y decidí que, en cuanto desaparecieran la nieve y el hielo, emprendería el camino.

Y así, habiendo cambiado la estación, y los fríos vientos y lluvias de la primavera dando paso al verano, tomo el camino una vez más hacia un nuevo país. La estación cambia realmente cuando es posible dormir cómodamente a la intemperie. Este año me adentro en las profundidades del Oriente ruso y, además de vivir las aventuras del camino, continúo mi estudio del orientalismo y el occidentalismo en el imperio del zar. Viajo en tren hasta Tashkent, la última parada del ferrocarril, y luego sigo la carretera, con mi mochila a la espalda, a través de los desiertos más allá del río Sir Daria y la tierra de los Siete Ríos, hacia los límites de la Tartaria china y el Pamir, y luego a lo largo de la frontera china, hacia el norte, hasta las montañas de Altái y las estepas del sur de Siberia. Se trata de un viaje largo y nuevo —nuevo para la experiencia inglesa— porque, hasta nuestra entente con Rusia, los celos mutuos en torno a la frontera india hacían extremadamente difícil que el Gobierno ruso permitiera a los ingleses observadores y aventureros deambular como yo pretendo hacer. De hecho, incluso ahora puedo ser detenido y devuelto desde algún lugar desamparado a mil kilómetros de una estación de ferrocarril, y entonces, tal vez, el silencio pueda envolver mi correspondencia durante un tiempo. Todo puede suceder; mis papeles pueden ser confiscados o perderse en el correo, o mi avance puede verse detenido por diversos accidentes. En cualquier caso, tengo permiso oficial para viajar y hace buen tiempo. La anciana abuela me preparó una caja de pasteles de queso dulces (*vatrushki*), Vasily Vasilich me trajo fruta y chocolate, otro amigo me trajo tres docenas de pasteles de col... así se parte siempre hacia el desierto. Nos reunimos en el salón de la abuela para despedirnos. Debo cuidarme de los terremotos, de las serpientes, de llevar mucho dinero encima, de que me piquen los escorpiones, de los tigres, los lobos, los osos, de las experiencias ocultas.

«Es un país místico», dijo G., profesor de matemáticas en la «Real Escuela». «Es probable que tengas aventuras relacionadas con lo oculto; algún enorme cataclismo va a tener lugar este verano. No sé lo que será, pero te aconsejo que atravieses este peligroso país tan rápido como puedas. Siberia es segura, y el norte de Rusia, pero no Asia central, ni, de hecho, Alemania».

El señor había tenido un sueño extraño y, como tenía inquietudes místicas, se aventuró en vagas profecías, que generalmente tomaban la forma de terremotos y cataclismos. Cuando me reuní con él en el otoño siguiente a mi viaje, la Gran Guerra con Alemania había estallado, y me sentí inclinado a darle crédito por una profecía verdadera; pero, con honesta obstinación, seguía imaginando terremotos y cataclismos, y no creía que la conflagración europea fuera el cumplimiento de su sueño.

Otra amiga está encantada con la idea de que voy a Bujará, ¿y no le llevaré a casa un pañuelo de seda de los grandes bazares? A otro le conmueve el sueño que estoy cumpliendo. Para él, Asia central es un país de hadas, y las montañas de Tian Shan no son montañas reales, sino montañas de un libro de leyendas.

Por fin exclama la anciana abuela:
—¡Sentaos todos!

Nos sentamos y guardamos silencio durante unos momentos, luego nos levantamos, nos volvemos hacia el icono religioso y nos persignamos. La abuela me marca con la señal de la cruz y me bendice, rezando para que pueda hacer mi viaje y volver sano y salvo, que no me sobrevenga ningún mal y que tenga éxito. Luego me dirijo a cada uno de los presentes y les digo «Adiós». Vera, sin embargo, me mira de tal manera que estoy seguro de que quiere decir que siente que nunca volveré. Así que me veo obligado a preguntarme: ¿No es esta despedida un adiós definitivo? ¿No ve esta rusa algo que me va a suceder? Pero ella ha sido muy amable conmigo, y justo en el momento de la despedida me pone en la mano una hermosa copia del icono, y yo la fijo en el interior de la cubierta rígida de mi mapa.

El tren procedente de Vladikavkaz deambula por la vertiente norte del Cáucaso, incapaz de encontrar un paso sobre las montañas. Hasta donde alcanza la vista, las praderas están amarillentas de níscalos. De vez en cuando, una torre de perforación indica que se está en la región petrolífera y, al cabo de una hora aproximadamente, el tren entra en la estación pavimentada que marca el cansancio y el barro de Grozni, capital de los yacimientos petrolíferos del Cáucaso Norte. Una bocanada de aire salado en Petrovsk*, unas horas más tarde, y uno se da cuenta de que ha llegado a la costa del Caspio. Durante toda la noche, el tren avanza hacia Bakú, contento, por así decirlo, de girar por fin hacia el sur y rodear el Cáucaso que no puede cruzar. En Bakú hago transbordo y cojo el vapor que cruza el mar Caspio hasta

* Majachkalá.

Krasnovodsk*, en las estepas saladas, pero tengo que esperar un día entero en la ciudad.

Por lo general, se viene a Bakú para ganar dinero. Cuando hace viento, las nubes de arena te ciegan; en verano, el olor a queroseno te sofoca. Es una ciudad comercial sin glamour. Aunque cuenta con varios millonarios y un nombre importante en todos los periódicos financieros del mundo, no tiene obras públicas, nada en virtud de lo cual pueda erigirse en una ciudad occidental. Los obreros están muy mal pagados, es decir, según nuestros estándares occidentales, y no obtienen las pocas ventajas de la civilización industrial que deberían compensar la vida monótona y la salud perdidas. Las clases trabajadoras de la ciudad están en constante efervescencia, y las huelgas se repiten incluso en tiempos de guerra. Bakú, de nuevo, es uno de los últimos refugios del tranvía de caballos y de la farola de queroseno. La ciudad sólo tiene encanto en el barrio oriental. Allí se pueden ver hileras de camellos subiendo por las empinadas calles, con alforjas en sus desgastados y peludos lomos, persas en cuclillas entre las alforjas, balanceándose alegremente arriba y abajo con el movimiento de la bestia. También se puede ver cómo los camellos se arrodillan para ser cargados, lloran suplicantes cuando les colocan las pesadas cargas, se levantan de nuevo con las patas traseras primero y se unen al grupo de camellos que ya están cargados.

El gran centro de compras, o bazar, es totalmente oriental, e incluso más característico que en Rusia propiamente dicha. Siento cómo el bazar y sus costumbres llegaron a Rusia desde Oriente. Cuando uno va de puesto en puesto, se ve asediado por porteadores con cestas vacías, que quieren ser contratados para caminar detrás de uno y llevar las compras

---

* Turkmenbashi.

a medida que uno las hace. Personajes de *Las mil y una noches*; y, sin embargo, en las calles de Varsovia y Kiev, y de muchas otras ciudades, esos hombres con sombreros rojos e insignias de latón, que se sientan en el bordillo o en los umbrales de las puertas esperando a que los transeúntes los contraten, son en realidad los descendientes occidentales en línea directa del quinto hermano del sastre; creo que era el quinto hermano el que era portero.

En el puerto, en el muelle donde espera mi barco, veo trabajar a los estibadores persas. Son verdaderos esclavos, trabajan doce horas al día por sesenta kopeks. Llevan a la espalda alforjas rellenas de paja, como las que ensillan a los camellos, y el ritmo de sus movimientos mientras avanzan con sus cargas desde el almacén hasta el barco es el de la esclavitud. El nombre de esclavitud ha desaparecido, pero el hecho permanece. Aun así, el europeo no despierta compasión. Los persas son los camellos humanos, los que más trabajan de todos los pueblos de Oriente, y los menos descontentos. Gritan, lloran y exclaman todo el tiempo mientras trabajan. Oriente es un esclavo de Occidente, pero sigue sin estar muy influido por Occidente. No son ellos los que provocan las huelgas.

Justo antes de que mi barco zarpe, llega otro desde Lankaran, y de él baja un grupo de hombres persas con bolsas de alfombras colgadas al hombro, sus mujeres con velos negros, capas de muchos colores y pantalones anchos de algodón, y sus hijos con ollas de barro. Más mano de obra disponible en los muelles, más hogares ocupados en las casitas que salpican la media luna de catorce kilómetros de la montañosa ciudad de Bakú.

El barco zarpó al anochecer. Era el *Skóbelev*, un hermoso vapor construido en 1902, en Amberes. Debió de haber sido traído al Caspio a través de las vías fluviales de Europa; un oficial a bordo aventuró la opinión de que fue traído a Bakú en partes y armado allí. Sin embargo, era un barco agradable, muy superior, por ejemplo, a los vapores lacustres norteamericanos. Había muy pocos pasajeros, y éstos se acostaron a dormir enseguida, temiendo la tormenta que soplaba, así que me quedé solo en cubierta y observé la orilla que se alejaba. Al partir de Europa hacia América, uno se sienta en la proa y mira hacia delante, sobre el océano; al menos, no se sienta a ver cómo desaparece la costa irlandesa. Pero al dejar Europa de camino a Asia, te sientas en la popa y la observas hasta el final. Las luces en retirada de Bakú son las luces de Europa.

La noche es muy oscura y sin estrellas, por lo que es maravilloso contemplar el semicírculo de catorce kilómetros de luces; las hermosas farolas del muelle, las luces de la explanada, de los tres teatros de variedades, de los cines y tiendas, los miles de destellos de los hogares en la ladera de la montaña. Este es el verdadero comienzo de mi viaje, y es muy emocionante; es bueno sentarse de cara al viento y sentir el movimiento del mar; es bueno observar los numerosos faros que se vuelven rojos, luego verdes, en la noche, y pasar a menos de diez metros de una pequeña lámpara, justo sobre la superficie del mar, que alternativamente se apaga y estalla en brillo cada treinta segundos. La lámpara parece decir: «Hay peligro... hay peligro», y susurra una alegre inteligencia al corazón.

Hay problemas en el agua al llegar a mar abierto, y el barco empieza a balancearse, pero sigue siendo agradable en la cubierta superior, y el viento fuerte es cálido.

Las luces de Bakú y de Europa se han ido borrando poco a poco. Las primeras en desaparecer fueron las chispas de las casas de la ladera de la montaña, luego las luces de la explanada; quedan las ocho grandes farolas del muelle, y una a una van desapareciendo hasta que sólo queda la gran luz intermitente verde amarillenta que indica a los barcos que llegan al puerto dónde está Bakú. Por fin desaparece y empieza a llover a cántaros. Así que me voy a dormir a mi camarote.

A la mañana siguiente, el verde y ancho mar estaba iluminado por el sol y salpicado de crestas blancas de olas circulantes. Mirando por un ojo de buey, vi la resplandeciente luz de la mañana brillar sobre las montañas grises y de aspecto accidental de Asia. El barco llegaba a Krasnovodsk.

II

Donde florece el desierto

KRASNOVODSK es uno de los lugares más calurosos, desérticos y miserables del mundo. Las montañas están muertas; no hay agua en ellas. Apenas llueve, y la tierra es únicamente sal y arena. Es extraño que incluso aquí haya una estación primaveral, y que los pequeños arbustos se asomen verdes y vivan tres semanas, o un mes, antes de que finalmente se achicharren. Pasé el día con un amable georgiano para el que tenía una carta; un agente marítimo del puerto. Debía haberme ayudado, suponiendo que la gendarmería local detuviera mi desembarco. Pero, por una divertida casualidad, escapé a la atención del oficial inspector y entré en Transcaspia sin hacer preguntas ni mostrar el pasaporte. Uno nunca puede estar seguro de poder pasar, aunque tenga los papeles en regla. El Gobierno ruso no expide un pasaporte escrito para Asia central, sino que transmite tu nombre a todas las autoridades locales, y tienes que confiar, en primer lugar, en que hayan recibido tu nombre y, en segundo lugar, en que estén de acuerdo en que el nombre recibido en su ortografía rusa es el mismo que el tuyo escrito en inglés en tu pasaporte británico. En el caso de un nombre como el mío, que se escribe de una manera y se pronuncia de otra, es probable que surjan dificultades. Además, durante mi estancia en Asia central, vi mi nombre escrito de las siguientes alegres maneras: *Grkhazkn*, *Groyansk* y, por supuesto, el inevitable *Graggam*, y en algunas ocasiones tuve la difícil tarea de persuadir a los funcionarios rusos de que los nombres eran los mismos. Aun así, se mostraron indulgentes.

El georgiano fue muy hospitalario; me llevó desde el embarcadero hasta su casa, detrás de seis o siete acacias marchitas y cansadas, me dio un dormitorio, me preparó el samovar y el café; yo me hice el desayuno y luego dormí las tres horas calurosas del día. Por la noche trajo a sus otros compatriotas caucásicos del asentamiento, una pequeña banda de exiliados, y hablamos muchas horas al son del zumbido del samovar. Hablamos de Vladikavkaz y del Kazbek amado por los georgianos, de mis vagabundos y de conocidos mutuos en ciudades y aldeas del Cáucaso, hablamos de ética y política, del hombre trabajador, y de Rusia, especialmente de la Rusia moderna, con su vida burguesa y su malvada vida urbana. Mi anfitrión tenía sentimientos casi victorianos, no le gustaban ni la falda rajada ni las medias tango, tan comunes en Bakú, y no sabía qué sería de las mujeres, despreciaba a los rusos por sus coqueteos, bailes y vida alegre, creía en la vida familiar tranquila como base de la felicidad personal, y en el socialismo como base de la felicidad política. Las luces de Europa no habían desaparecido del todo.

Como el tren no salía hasta las doce, pasamos una larga y agradable velada, y cuando llegó la hora de partir, mi anfitrión me trajo una gran botella de vino de Kajetia (Georgia), y fuimos todos juntos a la estación de ferrocarril. Saqué mi billete y encontré mi vagón. Sin conmoción ni excitación, el tren vacío de medianoche salió sigilosamente de la estación, sobre las estepas saladas, y sentí como si en todo el largo tren sólo estuviera yo. Fue muy fastidioso partir a la sombra de la noche oscura, cuando no se veía ningún paisaje, aunque me consolaba el hecho de que el tren no recorriera más de ciento veinte kilómetros antes del amanecer. A la mañana siguiente, nada más despertarme, miré fuera del tren, y ante mi vista estaba el desierto; arena marrón amarillenta hasta donde alcanzaba la vista, y en el horizonte la enigmática silueta de una fila de camellos, que parecía un trozo de escritura oriental entre la tierra y el cielo. Una visión nueva ante mí, pues nunca había visto el desierto, excepto, por supuesto, en Palestina, donde apenas es característico. Los acantilados de Krasnovodsk habían desaparecido; el desierto estaba a ambos lados. Busqué en vano una casa o un árbol por todas partes, pero vi de nuevo, como en Krasnovodsk, el patético esfuerzo de la naturaleza por crear un hogar: un cardo amarillo ocasional en flor, una rosa pálida en flor aquí y allá en la arena. El tren iba tan despacio que parecía posible bajar a la llanura, coger una flor y regresar al vagón.

Es extraño que el Gobierno ruso construya ferrocarriles sobre el desierto antes de haber desarrollado sus rutas comerciales. La mente occidental encontraría este ferrocarril casi inexplicable. Se podría pensar que se trata de un elaborado juego de fantasía. El tren está programado en el horario entre los trenes rápidos y, sin embargo, en sucesivas estaciones vacías del desierto se detiene 21, 31, 14, 6 y 12 minutos respectivamente, y tarda veintitrés horas en recorrer los 625 kilómetros que separan Krasnovodsk de Asjabad, a una velocidad media de veintisiete kilómetros por hora. La razón de esta lentitud reside, quizás, en el hecho de que las traviesas no están muy bien colocadas, y se desprenderían si se intentara una mayor velocidad. Las paradas en las estaciones son impresionantes, satisfacen el gusto ruso por bajarse de los trenes y echar un vistazo, y también, de paso, hacen saber a los salvajes nativos que la caravana de vapor les espera si quieren partir. Paramos más tiempo en una de estas estaciones desiertas que el expreso del Norte en Berlín o el expreso de Chicago en el Niágara. A Rusia no le alarma la pérdida de tiempo. El tiempo puede ser dinero en América; en Rusia es sólo dinero de cobre, y es más interesante tener un ferrocarril político a través de los desiertos de Asia que ayudar a los agricultores de Abjasia o poner en funcionamiento la industria del vasto norte del país.

Es un viaje aburrido, pero al final aparecen las colinas: los Balcanes Menores, los Balcanes Mayores; las marismas dan paso a los bancos de arena, montones de arena acumulados y moldeados por el viento como ventisqueros grises. Las bellas líneas curvas de los bancos de arena son runas del viento. Toda esta región fue antaño el lecho del mar Caspio o, más bien, de un océano que, se supone, se extendía, por un lado, hasta más allá del mar de Aral y, por otro, hasta el Azov y el mar Negro. Las montañas eran islas, costas o rocas peligrosas en el mar.

Tras cruzar los Balcanes, el país mejoraba por momentos. De pronto, a lo lejos, apareció una mancha verde, y los ojos la saludaron como se saluda a la tierra en el mar. Cuando el tren se acercó, apareció a la vista un maravilloso cuadrado esmeralda, espeso de trigo joven, en medio del gris y el marrón absolutos del desierto. Era el primer campo de regadío. Pronto aparecieron un segundo y un tercer campo en bendito contraste y refresco. En el cielo nublado y amarillento, el sol se liberó y recordé que era el primero de mayo. Así comenzó para mí ese señalado día.

La gente empezó a aparecer en las estaciones, que hasta entonces habían estado desoladas; turcomanos majestuosos, llevando desde los hombros hasta los tobillos *khalats* rojos y blancos, albornoces más que vestidos; también *telpeks*, unos sombreros de piel de oveja blanca, marrón o negra, sombreros más grandes que las pieles de oso de nuestros granaderos; kirguises gordos y de labios anchos, con cejas de mongol y bigotes de cola de rata que caían sobre sus barbas bien recortadas; jornaleros bactrianos pobres, de muchos colores; ricos mercaderes persas, de negro sombrío. En las estaciones había muchas mujeres con huevos calientes, recién sancochados, pollos asados, leche o kumis en botellas, incluso con trozos de mantequilla, con samovares. Y había muchachos nativos con cestas llenas de *lepeshki* (tortas de pan). Cada estación estaba provista de una larga barrera, y las mujeres, en filas de veinte o treinta, se colocaban detrás de sus mercancías y gritaban a los pasajeros. Los numerosos samovares humeantes eran un espectáculo agradable, y por el precio de medio penique me preparé un té en uno de ellos.

El territorio mejoraba sin cesar, y el tren pasó junto a campos por cuyos surcos corrían pequeños arroyos artificiales, junto a otros muchos trigales de color esmeralda rodeados de grandes diques. El polvo amarillo de este desierto sólo necesita agua para hacerse abundantemente fértil; no es simplemente roca y piedra deshilachadas, como la arena de la orilla del mar, sino una sustancia orgánica que se ha ido sedimentando de la atmósfera durante siglos: la *lessovaya zemlya*. Cuando nos damos cuenta de que hay de este extraño polvo una capa lo bastante profunda como para ser un suelo, comprendemos algo de la antigüedad del desierto y el hecho de que, cuando consideramos la historia geológica, nuestra mente debe abarcar millones de años, mientras que al pensar en la historia del hombre casi nos horroriza pensar en miles de años. Así que el polvo de *loess* se asienta en el aire claro. Por cierto, ¿qué otra cosa puede no estar asentándose en el aire cotidiano de nuestro mundo? Las flores de primavera muestran la riqueza de este polvo del desierto, pues ahora contemplamos este páramo bajo la influencia de la irrigación floreciendo como la rosa. De hecho, florece como esta, pues incluso en la periferia del desesperanzado desierto, observo la zarza, que es inusualmente hermosa. En las nuevas estaciones aparecen niños con pequeños racimos de flores de color carmesí. Ahora aparecen amapolas en los desiertos, lirios, saxífragas, gordolobos; en definitiva, la voz de un país rico que grita en medio de la arena. Aquí, los versos de Thomas Gray cobran vida:

> Muchas flores nacen para sonrojarse sin ser vistas,
> Y derrochar su dulzura en el aire del desierto.

Al anochecer, el tren recorre la frontera del norte de Persia, y cada casa tiene un jardín de rosas. Un mercader de seda persa, todo de negro, con un talismán de jade verde colgado de una cadena de oro al cuello, entra en mi vagón y se dispone a ocupar la litera superior. Se dirige a Merv, y ha traído al carruaje un gran ramo de rosas dobles de dulce aroma. Este persa, un viejo de nariz huesuda, cara gris, orejas de animal y aspecto antediluviano, no quiso quedarse en mi vagón porque había una mujer en él, sino que me pidió que le guardara el sitio mientras él se iba y se encerraba en el compartimento de mujeres vacío de al lado. Dejó atrás su bastón negro, con mango de cuerno, delgado y forrado de cuero, cuya virola era de latón y media veinte centímetros de largo.

Llegamos a Gökdepe, una gran fortaleza de los turcomanos de la tribu Teke, reducida a ruinas por Skóbelev en 1881. En la estación de ferrocarril hay una sala en la que se conservan ejemplares de todas las armas utilizadas en la lucha.

También hay representaciones de cera de un soldado ruso con su fusil, y de un soldado nativo cortando el aire con su cimitarra. Muchos pasajeros acudieron a echar un vistazo. Era la hora de la puesta del sol, y el oeste brillaba rojo detrás del tren, el aire de la tarde estaba lleno de salud y fragancia, las estrellas eran como luces fosforescentes en el cielo centelleante, la joven luna ocupaba el lugar más maravilloso en el cielo, posada en su trono no justo encima, sino a algunos grados del cenit, como si estuviera en el hombro derecho de la noche.

Fue una tarde que conmovió el corazón. En todas las estaciones hasta Asjabad, los pasajeros descendían del tren, caminaban por los andenes y conversaban. La mañana del primero de mayo había sido triste y lúgubre; la tarde estaba llena de alegría y vida. Llegamos a Asjabad, la primera gran ciudad del Turquestán, hacia las once de la noche, y su andén presentaba una escena extraordinaria. Durante los cuarenta y cinco minutos que duró nuestra parada, estuvo atestado de gente de todos los pueblos del Asia central: persas, rusos, afganos, tekes, bujaríes, jivanitas, turcomanos, y todos llevaban rosas en la mano, en el vestido o en el turbante. Toda la larga acera olía a rosas. Alegres muchachas rusas, todas de blanco y con sombreros de verano, charlaban con jóvenes oficiales, con los que desfilaban arriba y abajo, y llevaban rosas en las manos. Vendedores ambulantes persas, con grandes cestas de rosas, fucsias y blancas, iban de aquí para allá; turcomanos inmensos y magníficos descansaban apoyados en las columnas o paseaban, con los pies descalzos metidos en las meras punteras que llaman zapatillas; también ellos llevaban rosas en los dedos. En la sala de espera de tercera clase había una fila de pintorescos gigantes que esperaban sus billetes, y que mientras tanto eran mantenidos en orden por un pequeño gendarme ruso. Detrás de la larga barrera, frente al tren que aguardaba, estaba el familiar grupo de mujeres con gallinas y huevos, con humeantes samovares y botellas de leche caliente. Ahora tenían faroles de velas y lámparas de queroseno, y la luz brillaba sobre ellos y sobre el vapor que escapaba del agua hirviendo que vendían. Salí a las umbrías calles, donde tres hileras de árboles de denso follaje proyectaban su sombra entre el hermoso cielo nocturno; en las profundidades del oscuro verdor yacían las casas de la ciudad, con hierba creciendo en sus lejanos tejados, con verandas en las que la gente dormía, incluso en mayo. Pero en Asjabad no dormían. Me detuve bajo un álamo y escuché la triste música de las gaitas persas. En estos acordes cálidos, palpitantes y melancólicos, se oía la noche del norte de Persia, la noche del día Primero de Mayo.

Volví a la estación y compré un gran ramo de rosas, y, cuando sonó la segunda campanada, regresé a mi vagón, desplegué mi manta escocesa y mi almohada, y mientras el tren se alejaba, me deslicé lejos de la maravillosa ciudad, hacia un sueño feliz.

El ferrocarril de Asia central aproximándose al río Oxus

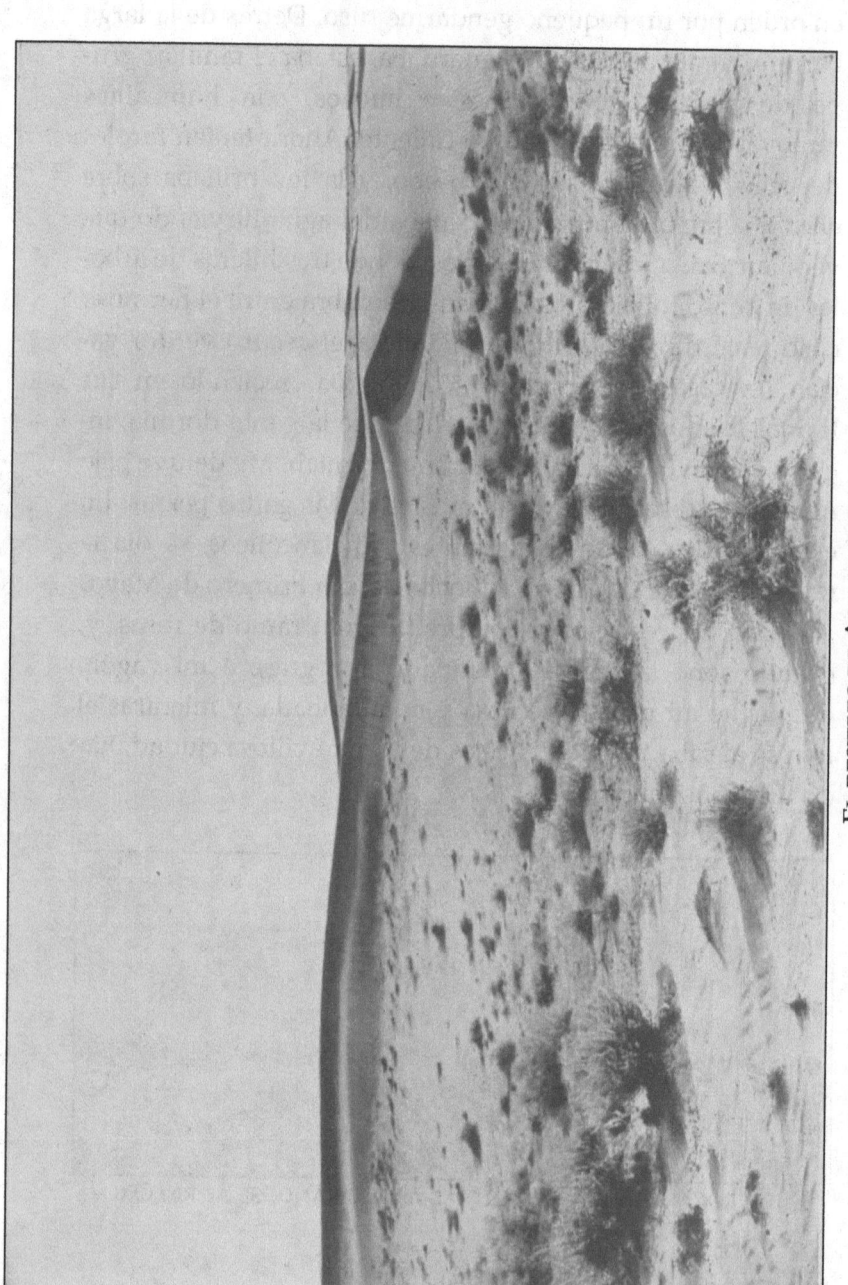

EL DESIERTO DE ASIA CENTRAL

III
Maravillosa Bujará

La promesa de Persia no se cumplió al día siguiente de que mi tren saliera de Asjabad. Giramos hacia el nordeste y pasamos por el desierto sin vida ni agua de Karakum, cien kilómetros de desierto y arena suelta. A las once de la mañana, la temperatura era de veintisiete grados centígrados a la sombra —cada vagón del tren estaba provisto de un termómetro— y el aire estaba cargado de polvo fino, que se colaba en el tren a pesar de que todas las ventanas y puertas estaban cerradas.

A través de la ventanilla, la mirada escrutaba el mayor desorden: orillas ocres, todas acanaladas como si las hubiera dejado el mar, lomas humeantes de arena, hondonadas moteadas de tenues hierbas donde de vez en cuando asomaba una marmota. En un punto de la travesía llegamos a unas chozas de barro, con turcomanos tekes junto a ellas, y a un tramo del desierto donde una manada de dromedarios de aspecto harapiento buscaba comida donde ningún otro animal pondría el hocico. Luego pasamos por unas colinas áridas de arena, de color amarillo y onduladas por el viento. Y así, todo el camino hasta el rojizo río Oxus. Ahora se llama Amu Darya, conocido por los antiguos como río Oxus, un arroyo hermoso y ancho en Charjou*, pero, por su color, más parecido a un río de cola roja que de agua. Todos los canales

* Turkmenabat.

y diques del sistema de irrigación del distrito fluyen con el agua roja del río, y allí donde el agua es conducida, el desierto florece como un edén. El río es la esposa del sol, y los campos verdes son sus hijos.

Charjou, el puerto del Oxus, es el punto de embarque hacia Jiva. Hay una pequeña flota de vapores gubernamentales que navegan entre las dos ciudades, aunque es relativamente difícil para los viajeros privados conseguir un pasaje en uno de ellos. Cuando se puso en marcha esta flota, existía la idea de que Rusia la utilizaría en su guerra imperial hacia el sur, pero es probable que los barcos tengan poca importancia militar en la actualidad. Por lo demás, Charjou es famosa por sus melones, que alcanzan el tamaño de calabazas y son muy dulces. Con frecuencia, en las tiendas de Petrogrado o en los restaurantes de moda se pueden ver enormes melones colgados de tiras de líber: son los frutos de Charjou. En esta época del año, Charjou tiene mucho barro y no seduce a los viajeros, sobre todo porque sus posadas son malas.

El tren entró en el protectorado ruso de Bujará, y la población cambió. Desde Asjabad, los nativos tenían a su disposición vagones especiales para el transporte de ganado, y se sentaban en tablones tendidos sobre caballetes; eran sartos, bujaríes, judíos, afganos. En mi coche subieron dos eruditos mahometanos que se dirigían a la ciudad de Bujará. Se lavaron las manos, extendieron alfombras a un lado del vagón, se arrodillaron en el otro, rezaron sus oraciones y se postraron. Luego sacaron un ejemplar del Corán y uno leyó al otro con voz sonora y poética durante todo el trayecto hasta la ciudad. Eran sartos, una tribu muy antigua de origen ario, uno de los pueblos más hermosos de Asia central, altos, dignos, de facciones templadas por el clima, con magníficas capas y turbantes níveos. Los dos que iban en mi vagón tenían, al parecer, varias esposas en otro compartimento, ya que cada uno llevaba un fajo de billetes. Las mujeres de por aquí ocultaban su cara muy estrictamente detrás de sus *chachvans*. No se asomaban ni miraban a la vuelta de la esquina, como se ve en Turquía, sino un negro absoluto, borrando la cara y las formas. Cuando mirabas a cinco o seis sentadas pacientemente, una al lado de la otra, todas y cada una con voluminosos mantos verdes, y donde debían aparecer las caras, una máscara negra del color y aspecto de un estante de horno, sentías un horror como si la mirada se hubiera posado en cadáveres o en enfermos de peste.

Desde el valle del Oxus la gente pululaba en una tierra concurrida, y era un espectáculo ver a tantos orientales bebiendo té verde en cuencos amarillos. Ya estábamos más cerca de China que de Rusia, y el espectáculo me hizo recordar *Chinatown*, Nueva York, y los restaurantes de *chop suey*. Entablé conversación con un comerciante tártaro de alfombras y traté de hacerme una idea de cómo era Bujará en el año de gracia de 1914.

—¿Hay un tranvía eléctrico en Bujará, o un tranvía de caballos?

—No, nada de eso. Las calles son tan estrechas que dos carros no pueden pasar sin chocar.

—¿Hay hoteles?

—Hay caravasares.

—¿No hay edificios europeos?

—Sólo fuera de la ciudad. Hay una comisaría rusa y un hotel construido para funcionarios. El emir no permitirá que se construya ningún hotel dentro de las murallas.

Al fin llegamos a Nueva Bujará, la ciudad rusa, con sus casas blancas, sus avenidas arboladas, sus anchas calles y sus tiendas, y cambiamos a una línea secundaria hacia la antigua

Bujará. El tren atravesó agradables praderas y campos de maíz, brillantes y fértiles como el sur de Inglaterra, y después de doce kilómetros bajo el sol llegamos a la vista de las murallas de barro color cemento de la ciudad más maravillosa del Asia mahometana, un lugar que podría haber sido creado por encantamiento, que recuerda el palacio de Aladino tal como debió aparecer en el desierto al que el mago lo transportó.

Dentro de unas murallas dentadas —un «kremlin» gris de doce kilómetros de diámetro— viven 150.000 mahometanos, totalmente a su aire, sin ninguna interferencia apreciable del exterior, en callejones estrechos y cubiertos, con tiendas interminables, detrás de muros de cribado. Las calles están empedradas, y serpentean en todas direcciones, con múltiples callejuelas y callejones, con plazas en las que se alzan hermosas mezquitas, con portales y escaleras que descienden hasta los pequeños embalses frescos y sombreados por árboles, pero estancados, que contienen el agua de la ciudad.

A lo largo de la calzada se suceden diversas carrozas: *proletkas* embarradas, carros de aspecto poco manejable, con torpes ruedas de madera de dos metros y medio de altura y ejes salientes, carros dorados y cubiertos de carmesí, hechos de caña y paja, con la forma de un enorme huevo al que se le han cortado los dos extremos. El *bek*, o jefe bujarí, llega saltando en su carruaje, con jinetes, y todos los demás le saludan a su paso. Llama la atención que los conductores de los vehículos prefieran ir en cuclillas sobre los caballos en lugar de sentarse en los asientos del conductor. Cadenas de camellos cargados tropiezan en los adoquines, innumerables mahometanos se acercan montados en asnos; está claro que el hombre es el amo cuando se ve a un inmenso mozo bujarí en cuclillas sobre un manso asno sostener un enorme garrote sobre su cabeza. Incluso se ven mujeres vestidas en *chachvans* montadas en asnos, y algunas de ellas llevan un niño delante. Se producen continuamente atascos en las estrechas vías, y todo el tiempo los conductores gritan «¡*Hagh, hagh!*» (¡Quítate de en medio, quítate de en medio!).

BUJARÁ: LA ESCOLTA DE UN MAGISTRADO

Las casas están hechas de ruinas de casas de antaño, de tejas antiguas y barro. Tienen bonitas puertas antiguas de madera tallada, pero no ventanas que den a la calle. Una tienda es una especie de armario con incrustaciones, con una ventana de cristal entreabierta, un montón de mercancías y un musulmán sentado en medio. Así se sienta el vendedor de mercancías, pero también el fabricante: el hojalatero trabajando, el calderero, el fabricante de sombreros. Los bazares son ricos y raros, y a la sombra de las calles cubiertas —hay cincuenta—, las lustrosas sedas, alfombras, vasijas y zapatillas, en las tiendas a cada lado del camino, tienen una grandeza extraordinaria; los magníficos vendedores, sentados pacientemente, sin pedirte que compres, mirando fijamente los montones de metálicos, las monedas de plata y los billetes que descansan en los pequeños taburetes delante de ellos, pertenecen a una época que yo creía que sólo se encontraba en los libros. ¡Qué ciudad tan fascinante! Ofrece a la venta más sedas y alfombras que Londres o París; es un almacén interminable de mercancías envidiables.

Lo que llama la atención, en Jerusalén o Constantinopla, es la abundancia de mercancías inglesas a la venta, pero aquí en Bujará hay una extraña ausencia de productos occidentales. Antiguamente, los ingleses enviaban todo tipo de manufacturas por la ruta de las caravanas desde la India, pero desde que los rusos rodearon su sistema aduanero, la influencia comercial de Inglaterra ha disminuido. Las mercancías occidentales llegan a través de Rusia. Los artículos europeos proceden de Alemania o Escandinavia. Por lo demás, como en otras ciudades orientales, los árabes de la calle venden pasteles *churek* y *lepeshki*; hombres de blanco se sientan en las esquinas a vender, en este caso, delicias de Bujará, caramelos marrones y de azúcar pasados de moda que, amontonados, parecen cuarzo. Los mendigos harapientos se sientan frente a las mezquitas y te tienden jofainas rusas; sin embargo, no lloran, ni claman ni te siguen, como en las ciudades turísticas de Asia Menor y el norte de África. Fuera de cada tienda hay una jaula para pájaros y una gran mascota, en algunos casos halcones, muy apreciados en estas tierras. Admiré a los halcones, y sus dueños parecían infantilmente complacidos por la atención que les presté. Le di un poco de plata bujarí a un mendigo a la salida de una mezquita (los bujaríes tienen su propia moneda de plata, que, sin embargo, parece moneda antigua y no de uso corriente). En uno de los grandes bazares sombríos compré un delicioso pañuelo de seda viejo de color rosa, lleno de luz y belleza, que caía en una voluminosa grandeza a medida que el melancólico oriental me lo mostraba. No regateé por su precio, que me pareció una ganga, sólo cinco rublos, y la señora que lo tiene ahora dice que basta para hacer toda una túnica. De alguna manera, me gustaba más como bufanda.

Salí de la ciudad y rodeé las murallas. Una carretera las circunvala, y en la carretera hay camellos con cuentas azules en el cuello y muchos orientales montados en ellos. Hay una extraña sensación de contraste al estar fuera de la ciudad. El arco de las murallas grises va alejándose de ti, rodeando y encerrando la vida de la ciudad; la ciudad es como una caja mágica llena de extraños magos, cantantes, vendedores de juguetes y compradores; es como una extraña colmena humana llena de vida. Y fuera de las murallas se produce el repentino contraste del aire fresco, el espacio, la vida, el verdor y el amplio cielo. Dentro de la ciudad, las calles son tan estrechas que uno tiene la sensación de que la «caja» está tapada. Alguien me dijo cuando fui a Nueva York: «Te daremos la libertad de la ciudad sin la tapa». Pues Bujará tiene la «tapa puesta». Y eso se siente al salir a la calle y contemplar el silencioso y significativo muro que la encierra. Pero los campos están llenos de verdor, y es como un hermoso día de junio en Inglaterra; el sauce se inclina amorosamente sobre ti, abrumado de hojas. Las murallas están almenadas, desgarradas, remendadas, apuntaladas; hay once puertas, y en cada una de ellas el tráfico de entrada y salida tiene un aspecto procesional. A lo largo de los muros, entre puerta y puerta, reina una paz profunda y apacible. Ningún sonido atraviesa las murallas, que son anchas, altas y sólidas. Las golondrinas que anidan allí trinan. Ni siquiera se vislumbran las altas mezquitas del interior.

Entré una vez más en la ciudad, me perdí en sus laberintos y me vi obligado a tomar un taxi local para volver a salir. Vivía fuera de la ciudad, en una posada construida especialmente para hombres al servicio del Gobierno. Me dieron la última habitación vacía. Fue agradable tumbarme al sol y dejarme llevar a lo largo de veinte maravillosas calles y callejuelas, viendo una vez más todo lo que había contemplado antes, lleno de color y orientalismo.

Los bujaríes son un pueblo gentil. No llevan armas. Se sientan en el mercado de hierba a charlar y sonreír con sus tazas de té. Las pequeñas palomas rosas de las calles buscan migajas entre sus pies descalzos. Los pájaros salvajes del desierto anidan en los muros de sus casas y bazares. En lo alto de la torre de una de cada dos mezquitas hay un inmenso nido de cigüeñas, que se superpone a la torreta por todos lados. Algunos de estos nidos deben tener entre dos y tres metros de altura; son redondos, por lo que parecen parte del diseño de la arquitectura. Los mahometanos animan a las cigüeñas a construir allí, pues las consideran sagradas. Es agradable observar al ave en sí, parada sobre una pata, una silueta negra, pero viva y en movimiento contra el cielo; escuchar el repique de sus picos cuando el padre cigüeña baja de repente a un nido con comida.

Bujará es una especie de perfección musulmana, donde apenas se puede progresar tras la destrucción de las viejas formas. Los bujaríes se atienen a las formas de su religión y a sus leyes éticas; visten correctamente; conocen sus oficios. Ofrecen un gran contraste comparados con los rusos, que son descuidados e inexactos, y en su culto a menudo indiferentes a su Dios; que no visten nada correctamente y salen a la calle con casi cualquier tipo de atuendo; tan ignorantes y torpes en sus oficios. Sin embargo, Rusia tiene un futuro prometedor, mientras que Bujará apenas tiene la gloria de su pasado.

Los bujaríes no tienen ambiciones, la civilización y el progreso mecánico no les tientan. Sonríen alegremente a todo lo que llega, pero nada les conmueve. Un automóvil ruso viene saltando sobre los adoquines, gritando con su bocina y tosiendo su humo, una veintena de perros intentan echársele encima y morderle cuando pasa, y los nativos se sientan en sus alacenas y se ríen. Si el coche se detiene, no se reúnen a su alrededor, como lo haría, por ejemplo, un pueblo de tribus caucásicas. Había un bujarí, un sarto, con capa y turbante, que montaba en bicicleta, una asombrosa excepción.

LOS ALREDEDORES DE UNA DE LAS MÁS FAMOSAS MEZQUITAS

En la actualidad, los rusos no tienen Bujará en su poder, pero no cabe duda de que más adelante se apoderarán de ella, ya que se están tomando muy en serio la consolidación de su imperio en Asia central. Aunque no se ven pasaportes o dinero ruso, los pasaportes están comenzando a ser expedidos y los bancos están aceptando todos los billetes antiguos de los sarracenos que pueden conseguir y dando plata rusa a cambio. Hay varios bancos rusos dentro de las murallas de la ciudad, y tienen una gran influencia. El emir es amistoso con Rusia, y es una figura pomposa en la Corte rusa, aunque se rumorea que en sus palacios nativos pasa el largo día desocupado, jugando a juegos de cartas tan elementales como el *durak*, el *snap* y el *happy family*.

Los rusos tienen permiso para construir escuelas en la ciudad, y se puede ver al albañil ruso trabajando con la paleta y el cordel, mientras el peón nativo lleva el palo de un lado a otro. Los productos extranjeros del bazar son en su mayoría de algodón, y si se examinan los espléndidos y alegres estampados que forman la ropa de los nativos, se descubre que todos son de fabricación moscovita.

Los comerciantes bujaríes van a la feria de Nizhni no sólo a vender, sino también a comprar. No hay ingleses en las calles, ni turistas, ni americanos. De hecho, una vez me pregunté con asombro: ¿Dónde están los americanos? Los únicos que visten atuendos occidentales son los comerciantes, en su mayoría rusos o armenios, aunque de vez en cuando se ven alemanes. Vi grupos de estos hombres discutiendo los precios de la crin, la lana, la torta de aceite, las alfombras y las sedas. Hay que recordar que este distrito es más famoso por sus alfombras que por sus sedas. Las mejores alfombras del mundo las fabrican los tekes. Armenios, turcomanos y persas trabajan en aldeas y asentamientos enteros de Transcaspia fabricando alfombras con aguja y telar. Tienen la tradición original de la fabricación de alfombras, un sentido para el arte particular de tejer esos maravillosos patrones de Persia, y para ellos una alfombra no es una superficie en la que sería posible imaginar a un hombre caminando con las botas llenas de barro; es para los delicados pies desnudos en el harén, o es todo un cuadro para ser colgado en una pared, no tirado en el suelo. Las máquinas de coser Singer están, por supuesto, instaladas en Bujará; están en todas las ciudades del ancho mundo. También ha llegado el cine, y un cartel verde anuncia que *Tango* se proyectará después de la presentación de una llamativa comedia llamada *La Sufragista*.

No obstante, ¿qué importancia tiene esto realmente? Preguntemos a la deliberada cigüeña, de pie sobre una pata, en lo alto de la mezquita de Labi Havz. La torre de la mezquita tiene un reloj, y la cigüeña parece intentar leer la hora. Pero no responde, como tampoco lo hacen los musulmanes de abajo, que también miran la pared para ver si se acerca la hora de rezar. Y el reloj, obsérvese, no está ajustado a la hora de Petrogrado.

IV

Ciudades mahometanas y mahometismo

LA consideración de las maravillosas ciudades musulmanas, Constantinopla, El Cairo, Jerusalén y Bujará, con sus maravillosas mezclas de colores, sus característicos caminos cubiertos y bazares, sus grandes extensiones de encajes y seda, alfombras, babuchas, fezes, turbantes, vajillas de cobre, sus sombríos caminos de piedra y patios cerrados, sus casas ciegas, sin ventanas para que no se vean sus mujeres, sus grandes mezquitas y espléndidas tumbas, sugiere inevitablemente una gran pregunta sobre Oriente. ¿Qué es el mahometismo, qué significa? En El Cairo y Jerusalén, e incluso en Constantinopla, es posible dudar de la verdadera naturaleza del mundo musulmán; parece un mundo improvisado que cede fácilmente a la influencia occidental, o, en cualquier caso, reprobado por las instituciones más espléndidas y vitales de Occidente que coexisten con muchos fenómenos ruines y miserables de Oriente.

Pero Bujará es un lugar perfecto. Es mucho más remota, incluso que Delhi, y está casi intacta, no afectada por la cultura occidental. Es una ciudad de ensueño, y si un mago quisiera transportar a algún Aladino moderno a una ciudad de hadas, donde no hubiera nada reconocible y, sin embargo, todo fuera bello y desconcertante, sólo tendría que llevarlo a las murallas de Bujará. A través de Bujará y de su paz y belleza imperturbables, se obtiene una nueva visión del mahometismo, y resulta absurdo pensar que el verdadero mundo musulmán sigue el mismo modelo que las ciudades occidentalizadas, aunque, extrañamente pintorescas que conocemos.

Recordamos el hecho de que hay tantos millones más de mahometanos que de cristianos, que viven fuera de los ferrocarriles, en los desiertos, en ciudades lejanas y remotas, que viajan en camellos y caravanas, y que para ellos su religión y su forma de vida son suficientes, que no buscan nuevas palabras ni inspiraciones, ni quieren tiempo para hacer otras cosas, ni cambios de ningún tipo. Recordamos su misterio, su fe y lealtad, su soberbio desprendimiento, su estado de bastarse a sí mismos, su jocosidad, audacia, hospitalidad, cómo brillan en comparación con los cristianos en el cumplimiento de las convenciones de su religión, su puntual piedad, sus peregrinaciones y, con todo ello, su fija y definida inferioridad de casta.

Su peregrinación a La Meca, que solemos considerar meramente pintoresca, es en realidad una de las procesiones humanas más misteriosas. Desde el norte de África, Siria, Turquía y Armenia, Turquestán, desde la remota China (incluso hay mahometanos chinos, los zúngaros), la India, también desde las profundidades de Arabia y Persia, a La Meca. Sólo a través de Rusia viajan anualmente a La Meca bastantes más musulmanes que peregrinos cristianos a Jerusalén, y algunos de estos peregrinos mahometanos son los individuos más extravagantes. Son analfabetos, sencillos, anodinos. No poseen mentes que puedan comprender a nuestros modernos misioneros cristianos, y Rusia, al menos, no tiene ningún deseo de hacer proselitismo entre ellos. Si los pueblos del mundo pudieran verse como parte de un gran diseño de bordado en la vestidura de Dios, probablemente se vería que el mahometismo en el momento presente es parte de la belleza del patrón y del asombroso esquema laberíntico. No es una rotura, ni una desfiguración.

Mahoma y los mahometanos no es un tema que se pueda dejar de lado, y cuando observamos esas maravillosas ciudades de Oriente, vale la pena recordar que estamos contemplando una nueva imagen o inscripción, y que nos encontramos en presencia de personas que poseen una lealtad diferente, pero no por ello menos verdadera. Como en uno de los planetas podríamos encontrarnos con una raza diferente que no hubiera tenido, ni pudiera tener, nuestra revelación.

Nuestro prejuicio como cristianos militantes, sin embargo, debe ser necesariamente contra los mahometanos. Siempre han sido nuestros enemigos religiosos en armas, los sarracenos, los paganos, las hordas tártaras; no estamos muy dispuestos a aquellos de nuestros compatriotas británicos, amigos de las discusiones, que, para mostrar su independencia de pensamiento, dicen que prefieren el mahometismo, el budismo, el confucianismo o lo que sea.

Al leer *On Heroes and Hero-worship* de Thomas Carlyle, uno tiene la inquietante sensación de que fue una lástima que para el personaje «Héroe como Profeta» eligiera a Mahoma y no a Jesús, o que, al elegir a Mahoma, no hubiera viajado por los países mahometanos, investigando su tema más a fondo y dando una imagen más real del significado del mahometismo y del hombre que lo fundó. La sección sobre Mahoma de *Heroes* es como una nota que no suena.

Al volver a leer el ensayo, uno se da cuenta de algo nuevo sobre Carlyle: su perspectiva insular. A pesar del hecho de que está preocupado por la historia francesa y alemana, se nota su estrechez de miras, o quizás es que la visión general del mundo que los hombres tienen ahora no era tan accesible en su época, y las diferencias en la psicología nacional que ahora se manifiestan estaban ocultas en la oscuridad de entonces. Carlyle veía a la humanidad como si fueran escoceses, y a toda religión verdadera como una especie de puritanismo escocés meridional. Veía todos los destinos nacionales en un mismo tipo, sin ninguna concepción de las diferencias fundamentales del alma. Admiraba a los alemanes, y los alemanes lo adoptaron a él y a sus obras. Y le disgustaban los franceses porque muy pocos de ellos tenían la «firmeza de propósito» y la «hombría», la «minuciosidad» y la «severa seriedad» de sus compatriotas. Rusia era un país muy impreciso, pero Carlyle aprobaba al zar, discerniendo vagamente en él a alguien que debía tener algo en común con Cromwell o Federico el Grande, «manteniendo unido, con la ayuda de cosacos y cañones, un imperio tan vasto». Y cuanto más se aleja su imaginación, más fracasan sus nociones de pueblos y razas extranjeras en corresponderse con sus modelos de humanidad. Entre los muchos otros destinos que Carlyle podría haber experimentado, se puede imaginar uno en el que viajara y encontrara en la vida real lo que buscaba en museos y bibliotecas. Habría sido un viajero maravilloso, y habría conocido y mostrado más de las verdades y misterios del mundo de lo que fue capaz de hacer por medio de la historia.

El Mahoma de Carlyle es un ejemplo de visiones anticuadas. Ahora está claro que este «Hijo de las tierras salvajes, de corazón profundo, con sus brillantes ojos negros y su abierta alma social profunda», no era ese decidido y concienzudo personaje británico que se pretende que era, ni el mahometismo tiene esa seriedad *cromweliana* que Carlyle le imputaba.

Es imposible encontrar en el alma musulmana «la naturaleza infinita del deber», pero no explicaríamos el «burdo paraíso sensual» y el «horrible infierno en llamas» de los mahometanos diciendo que para ellos «el bien es al mal como la vida es a la muerte, como el cielo al infierno. Lo uno no debe hacerse, lo otro no debe dejarse de hacer». Mahoma y el mahometismo no pueden explicarse en estos términos.

Probablemente, la suposición más común en Occidente es que el mahometismo no cuenta. El número de adeptos supera con creces al cristianismo, pero ni siquiera quienes creen en la voluntad de las mayorías, reconocerían a la mayoría mahometana. Porque, aunque son más guerreros que nosotros, no tienen nuestras armas, y aunque son más finos físicamente, no tienen nuestros medios para servirnos de la naturaleza, ni nuestra civilización, ni nuestra pasión.

Están apartados, apenas son seres humanos en nuestro sentido occidental del término, y son insignificantes. Aun así, el mahometismo es un portento extraordinario en el mundo. Los mahometanos, esos muchos millones, no son meros cristianos en potencia, un conjunto de personas que permanecen en el error porque nuestra empresa misionera no es suficiente para iluminarlos. No es un accidente, ni una religión improvisada, sino evidentemente una forma feliz adecuada a los millones que la encarnan. Es una religión poéticamente adecuada, parte de la fibra misma de la gente que la tiene, y no puede ser fácilmente eliminada o suplantada.

Como cristianos entusiastas, consideramos al mundo musulmán con cierta irritación; incluso algunos de nosotros, con malicia y dispuestos a tomar las armas contra él. Pero como turistas en busca de placer, como hombres y mujeres mundanos, más bien amamos al turco y al árabe por su peculiaridad, por lo pintoresco de su religión. Como deportistas, lo amamos porque tiene fama de luchar bien.

Cuando estuve en El Cairo, caí en manos de un guía árabe con cierta insatisfacción y me mostró, en primer lugar, las curiosas mezquitas tan apreciadas por los turistas: la mezquita del Sultán Hassán, la mezquita de Alabastro, etcétera. No se trataba de los restos del antiguo Egipto, que son lo más significativo del país, ni de las ruinas paleocristianas, que son las más queridas por nosotros (los antiguos monasterios cristianos que poseen los coptos parecían no ser reconocidos por nadie), sino de las mezquitas construidas con las piedras robadas de las pirámides y las tumbas, y con incrustaciones de las joyas tomadas de los marcos de los iconos y las sábanas de las primeras iglesias cristianas. Y mientras escuchaba los detalles de la ceguera de los arquitectos, la destrucción de los mamelucos, las luchas y los robos, surgió un pensamiento despectivo: «Son todos una manada de ladrones, estos mahometanos».

Son ladrones por instinto y no progresistas, no sólo en la vida, sino también en las ideas. Pero son llamativos y han dado a una parte considerable de la faz de la tierra un pintoresquismo y belleza característicos. Por lo tanto, no se les puede descartar.

Carlyle intenta ver algo de luz en el Corán, y fracasa. Probablemente, el Corán está traducido con un espíritu equivocado para adaptarse a un gusto británico. Pero obviamente está hecho para ser cantado, y está lleno de ritmos con los que no estamos familiarizados, tan poco familiarizados como lo estamos con la música sollozante, lastimera y chillona que es melodía en los oídos de los musulmanes. El alma del Corán no es como el alma de la Biblia, igual que el alma de una ciudad cristiana medieval como Florencia o Roma, no es como Jiva, Bujará o Samarcanda, igual que las almas de nuestras ávidas poblaciones místicas son diferentes de las almas de esas gentes sencillas, satisfechas y fatalistas. No es fácil comunicar la diferencia con palabras; no es una mera diferencia de vestimenta. Es una diferencia en el espíritu, una diferencia en el espíritu que hace que la expresión sea diferente, ya se trate de ropas, casas, ciudades, modo de vida, música, literatura, o de oración. Y mientras nuestra expresión cambia, la suya sigue siendo la misma. Nuestro espíritu sigue siendo el mismo, el suyo sigue siendo el mismo, pero sólo con nosotros cambia la expresión.

«Dios es grande; debemos someternos a Dios», es la sabiduría mahometana. En cierto modo, es un terreno común: debemos someternos. Pero los mahometanos esperan a que se manifieste la voluntad de Dios, mientras que nosotros la adivinamos de antemano. Estamos vivos para descubrir lo que Dios quiere para nosotros. Después de «¡Hágase tu voluntad!», ponemos un signo de exclamación y nos alegramos. El mahometismo es fatalismo, pero el cristianismo no es fatalismo.

Y si el fatalismo da un tinte de melancolía a la vida, especialmente a una vida desafortunada, aun así, hace la vida más fácil. Libera al alma de preocupaciones y le quita un mundo de responsabilidades de encima. El mahometano es un ser despreocupado. Disfruta, más que nosotros, la vida de un niño.

En consecuencia, una de las mayores características del pueblo mahometano es la alegría. Todo es un juego para ellos. Son juguetones en su atuendo, en sus negocios, en sus peleas, en sus conversaciones. Compran y venden, y hacen un gran juego de su compraventa. Carecen de «seriedad». No tienen prisa por llegar a un acuerdo y salir adelante en el comercio. Su instinto es más el juego que el negocio. De ahí la relativa pobreza de los tártaros, el pueblo más comercial de Oriente. No son lo bastante serios como para enriquecerse a nuestra manera occidental. Si quieren enriquecerse realmente como se enriquece un comerciante occidental, no deben perder el tiempo jugando y regateando.

Luchan bien porque se toman el combate como un juego. La muerte no es una calamidad tan grande para ellos como para nosotros, porque la vida no es algo tan serio. Contemplan juguetones el sufrimiento y se ríen al ver las extremidades de los hombres asesinados por las bombas. Les gusta el juego de la guerra moderna. Y, por supuesto, fueron guerreros y ladrones antes de ser mahometanos. La lucha es uno de sus instintos más profundos, y como no cambian con el tiempo, tienen un amor casi anacrónico por la batalla. Les gustan las armas como si fueran juguetes, tocan las espadas, ríen y carcajean cuando ven un cañón. Adoran los barcos de vapor y los acorazados, como los niños adoran los barcos de vapor de juguete, y navegan con ellos por las aguas de Levante, como lo harían con sus juguetes. Su hospitalidad es alegre, al igual que sus asesinatos y masacres. Su cielo y su infierno son conceptos lúdicos.

La condición de sus hijos restantes es la obediencia a las sencillas leyes de su religión. Obedecidas estas, están libres de todos los problemas. Y obedecen. De Delhi a El Cairo y de Kashgar a Constantinopla, existe un mundo lúdico, a veces travieso y difícil. Al contemplar sus grandes ciudades, vemos sus pintorescas figuras y sus constantes regateos en las calles, sus capiteles y minaretes élficos, sus caminos cubiertos y sus pasadizos sombríos y misteriosos. Esta ciudad de

Bujará, con sus caminos cubiertos atestados de comerciantes y compradores, sus mendigos, tumbas, santuarios, debemos recordar que es todo un artificio infantil, algo creado por un pueblo que no evoluciona como nosotros: misterioso pero sencillo, feroz pero infantil, valiente pero distraído por el sufrimiento, hasta el día de hoy.

Unas vacaciones en Samarcanda: Muchachos de la escuela militar juegan entre las ruinas de la tumba de Tamerlán

Tumbas mahometanas y ruinas en la colonia rusa más joven

V

La historia de las tribus de Asia central

DESDE Bujará me dirigí a Samarcanda, sitio de la tumba de Timur. El Turquestán cuenta con cuatro grandes ciudades que conservan su esplendor desde los tiempos más remotos: Bujará, Jiva, Samarcanda y Tashkent. Alejandro Magno conquistó la mayor parte de este territorio y se estableció en Samarcanda como cuartel de invierno, pero hoy quedan pocos vestigios de Alejandro. En su época, el territorio estaba habitado por tribus procedentes del Pamir: persas, indios y tayikos. También había nómadas primitivos, con sus tiendas y sus rebaños, un pueblo parecido a los judíos cuando eran simplemente los hijos de Israel, cuando eran una «familia». Posiblemente había hordas de judíos, como había hordas de tártaros y mongoles. En la época de la dinastía de pastores de Egipto, los pueblos de Oriente vivían en familias patriarcales, parecidas en cierto modo a las familias actuales de los kirguises de Asia central.

Para el etnólogo, Asia central es necesariamente una de las regiones más interesantes del mundo, y sus habitantes podrían ser como ejemplos vivos en un gran museo etnológico. Sus razas nos dicen más sobre el pasado del mundo que nos interesa que cualquier página de un libro de historia. Aquí podemos sentir lo que fueron los hijos de Israel, los egipcios, los sirios, los persas, los turcos y los rusos. Vemos el destino de Roma, el destino de la Iglesia de Cristo, de la cristiandad, de la barbarie.

No es que hoy en día haya muchos tipos puros o claros de razas históricas en Asia central. La tierra ha sido un campo de batalla para tribus feroces procedentes de China y Manchuria, de las misteriosas y vagas regiones del Pamir y Tíbet. Hoy en día, los kirguises muestran todas las diferencias entre los mongoles y los turcos.

Tras los griegos de Alejandro llegaron los feroces hunos. Para los griegos, lo que hoy es Rusia y Siberia, la tierra de los Siete Ríos y el Asia central rusa, era conocida vagamente como Escitia. Avanzaban a tientas hacia el norte y el este, como en medio de la absoluta oscuridad, y más bien tenían miedo de seguir adelante. Sin embargo, sabemos que incluso antes de los registros de la historia griega existía un comercio oriental en el Volga y desde el Caspio hasta el Báltico. Los mercaderes de Persia y la India comerciaban con la Rusia de entonces. Los persas gobernaban desde el Oxus hasta el Danubio, y en el desierto que se extendía desde el Oxus hasta la Gran Muralla china vivían los nómadas primitivos.

Al sur de las montañas Altái estaba el origen de los misteriosos hunos que, algunos siglos antes del nacimiento de Cristo, asolaron China hasta el Pacífico y extendieron su dominio hacia el norte, bajando por el río Irtish hasta la tundra del círculo polar ártico. No se trataba de un pueblo mongol, sino turco, aunque con el tiempo fueron vencidos por los tártaros, y lo mongol y lo turco tendieron a mezclarse. La razón de su giro hacia el oeste fue un eventual fracaso contra China. Los chinos construyeron su muralla de mil quinientos kilómetros contra los hunos, pero la muralla no les sirvió de nada; fueron derrotados y se vieron obligados a pagar un enorme tributo de seda, oro y mujeres. Entonces los chinos reorganizaron sus ejércitos, se volvieron contra sus enemigos y los aplastaron. Su monarca se convirtió en vasallo del emperador. Cincuenta y ocho hordas entraron al servicio de China: una horda se componía de unos cuatro mil hombres. El resto de los hunos, llegando a la conclusión de que China era demasiado fuerte para ser derrotada, decidieron luchar en otro lugar, y partieron hacia el oeste, hacia el Oxus y el Volga. Se establecieron en las orillas orientales del Volga, donde permanecen hasta el día de hoy como los calmucos. Quienes visiten el sur de los Urales y el distrito de Astracán habrán visto a los calmucos, un tipo de hombres de cejas bajas y nariz ancha, morenos, enjutos y achaparrados, los más feos de Rusia; son los hunos originales, feroces en su época, muy pacíficos y estúpidos ahora, e incluso por debajo del nivel de inteligencia de los kirguises.

Las principales tribus turcas actuales son los yakutos, en el río Lena, los kirguises, los uzbekos, de los que hay un número considerable en Bujará y Jiva, los turcomanos y los osmanlíes, los propios turcos, y todos ellos tienen algo de los hunos. Su historia es la historia de los hunos. Las hordas de los hunos eran un pueblo deforme y brutal; había muchos lisiados entre ellos y gente de rasgos distorsionados, muchos enanos. Eran el pueblo más cruel que jamás haya existido, y probablemente por eso tienen tal nombre de fealdad. La crueldad y la fealdad de rasgos van juntas. Incluso los torturadores más refinados de la Inquisición española debían de ser feos. Hay algo aterrador en el aspecto de la crueldad. Es un aspecto de la manía, y cuando se manifiesta en la raza debe llamarse manía o aberración racial.

Sucesivas hordas de paganos avanzaron, y la historia de cada movimiento de este tipo es la misma. Cada ola, sin embargo, parecía avanzar más lejos que la anterior y acumular poder y volumen hasta el punto en que irrumpía con fuerza. Los paganos asiáticos no tardaron en cruzar el Volga y atravesar Rusia; fueron ellos quienes pusieron en movimiento a las tribus germanas del norte y dieron impulso al saqueo del mundo occidental. Asombraron incluso a los godos por su ferocidad y fealdad, y en 376 d. C. los godos tuvieron que pedir protección a los romanos. El emperador Valente tardó en responder, y un millón de godos cruzaron el Danubio e iniciaron la conquista del territorio romano. Los hunos se unieron a los alanos, una tribu salvaje finlandesa que algunos suponen que son los actuales osetios del Cáucaso septentrional, y juntos vislumbraron el esplendor del sur y entraron en contacto con el pueblo que acabaría dándoles su religión: los sarracenos.

Sin embargo, lejos, en el fondo de Asia central, las tribus mongolas caían sobre los hunos que se habían quedado atrás y siempre establecían nuevas hordas que se dirigían hacia el oeste, y el impacto de China se sintió hasta Alemania, y hordas de bárbaros empezaron a aparecer ante las puertas de la misma Roma. Pronto los godos incendiaron la capital del mundo (410 d. C.). Un cuarto de siglo más tarde, los hunos encontraron un nuevo líder en Atila (438-453 d. C.), y volvieron a convertirse en el azote y castigo de toda la civilización existente. Los hunos de Atila no sólo eran los antiguos hunos que salieron de Mongolia y lucharon contra los chinos, sino una mezcla de todas las tribus turcas de Oriente. Adoraban la espada, clavada en la tierra, y rezaban ante ella como otros rezaban ante la cruz. Atila afirmó haber descubierto la verdadera espada del dios Marte, y mediante su posesión reclamó el dominio de todo el mundo. Conquistó Rusia, Alemania, Dinamarca, Escandinavia y las islas del Báltico. Aplastó a los chinos y tártaros que afligían la retaguardia de su nación en las profundidades de Asia, negociando en igualdad de condiciones con el emperador de China. Atravesó Persia y Armenia y lo que hoy es Turquía en Asia, se abrió paso hasta Siria y, en alianza con los vándalos, tomó posesión de «África». Sus seguidores cruzaron el Mediterráneo, devastando las ciudades de Grecia, Italia y la Galia. Roma abandonó su imperio oriental a los hunos en 446 d. C. y, tras la muerte de Atila, los vándalos, un pueblo de origen eslavo, saquearon Roma una vez más. La civilización occidental pareció extinguirse y un bárbaro se convirtió en rey de Italia.

Lo que ocurrió en Asia central sólo se conoce vagamente. La gente que vivía del caballo en la época de Heródoto seguía viviendo de lo mismo, como lo hacen hoy en día, de leche de yegua, kumis y carne de caballo, acampando en medio de grandes manadas de caballos, de la misma raza de ponis siberianos que los cosacos montan ahora. Hubo luchas y masacres entre las hordas; se dice que los chinos intentaron introducir el budismo, aunque sin mucho éxito. Hubo muchos matrimonios mixtos entre turcos y mongoles. Por otra parte, los hunos conquistadores regresaron con esposas de las razas de occidente y con un puñado de ideas occidentales, trayendo consigo incluso el nombre del cristianismo y algunas ideas cristianas. Los cristianos comenzaron a aparecer entre las filas de los paganos.

En el siglo VII nació Mahoma, y la religión característica de Oriente empezó a conquistar adeptos a golpe de espada; ejércitos de árabes y tribus semitas, iniciando la propaganda del islam, conquistaron Persia, Siria y partes del norte de África y de España.

En el siglo VIII cruzaron el Oxus, expulsaron a hordas de hunos a las profundidades de Asia, capturaron las ricas ciudades de Bujará y Samarcanda y convirtieron en mahometanos a todos los pueblos hasta el Indo. Así, uzbekos, turcomanos, kirguises, afganos y otros, obtuvieron una religión que se adaptaba a su temperamento, y hubo paz y comercio en todo Turquestán y Persia durante muchos años. La siguiente gran perturbación fue causada por la efervescencia de los tártaros y los mestizos hunos mongoles, que llegó a su punto culminante bajo el liderazgo de Gengis Kan (1206-1227 d. C.), que fue el siguiente conquistador del mundo surgido de Asia.

Se hizo con un enorme imperio, que se extendía desde el mar del Japón hasta el río Nieman en Alemania, y desde las tundras del círculo polar ártico hasta los páramos de la India y Mesopotamia. En su ejército había idólatras, judíos, mahometanos y cristianos conversos. Fue el emperador de los «mogoles» (la palabra mogol equivale a mongol). Entre sus hazañas, sitió Pekín y mató de hambre a los chinos, hasta tal punto que se vieron obligados a matar y comer a uno de cada diez hombres de la ciudad. Volvió a conquistar Bujará y Samarcanda, aplastó a los rusos y a los polacos, tomó Liubliana y Cracovia y, en la batalla de Legnica, derrotó a los alemanes, llenando nueve sacos con las orejas derechas de los muertos. Toda Europa occidental tembló debido a Gengis Kan.

Los modales de las hordas de Gengis Kan y sus sucesores eran muy parecidos a los de los antiguos hunos, y también traían consigo sus rebaños, vivían de ovejas o caballos asados, y kumis, como parecen haber vivido siempre la mayoría de los habitantes de Asia central.

El esplendor de los sucesores de Gengis Kan decayó, y Rusia y Oriente se tomaron un breve respiro hasta que Asia produjo otro monstruo, un nuevo conquistador del mundo.

En el siglo XIV surgió el peor de todos, Tamerlán el Grande, también llamado Timur el Cojo, que conquistó todo lo que había sido conquistado antes por tártaros o hunos. Bajo su dominio, el mahometismo alcanzó un gran esplendor y se acercó a la dominación mundial.

Tanto Bujará como Samarcanda cayeron en manos de Tamerlán, que conquistó grandes extensiones de Persia, Siria, Turquía, el Cáucaso, la India, Rusia y Siberia, sitió Moscú y Delhi en dos años consecutivos. Además, destronó a veintisiete reyes, y enganchó a su carro reyes en lugar de caballos.

JUDÍAS DE ASIA CENTRAL

Pasé el mes de mayo de este año en lo que es particularmente la tierra de Tamerlán, una especie de India rusa en el lado norte del Hindú Kush, un territorio con un pasado majestuoso pero con poco presente. Tamerlán el tártaro, fue una vez emperador de Asia, y un potentado de mayor fama que Alejandro. A la cabeza de las hordas tártaras conquistó todas las naciones de Oriente y asoló sus tierras, cometiendo en todas partes actos de bárbara crueldad. Esta crueldad que hoy vemos en el cosaco y en el ruso, y el gusto por el esplendor bárbaro, vienen directamente de sus tártaros. Pero la grandeza de los tártaros ha desaparecido —hoy son todos comerciantes y camareros— a costa de la grandeza de los rusos —son todos soldados—. «¿No es conmovedor?», me dijo un ruso un día cenando en un restaurante de San Petersburgo, señalando a los perfectos camareros tártaros. «Estas gentes, bajo cuyo yugo estuvimos una vez, son realmente más fuertes y terribles que nosotros, pero ahora son nuestros sirvientes, camareros y ayudantes de cámara. Si nos hubiéramos hecho mahometanos, los tártaros seguirían siendo nuestros amos. Es la idea cristiana la que ha triunfado en nosotros».

Entre los desiertos del Turquestán y junto a los campos de algodón irrigados de una nueva civilización, se alzan los restos y ruinas de una gloria medieval, las mezquitas, tumbas y palacios de los días de Timur y de su amada esposa, Bibi Janum. Los rusos no se interesan por la arqueología ni por los paganos, ni siquiera por los paganos ilustrados. Los ingleses tienen considerables dificultades para obtener permiso de entrada en el país. Por eso se piensa poco en Tamerlán. Pero en Inglaterra, en los siglos XV y XIV, tuvo una fama tremenda; que se desprende en las palabras del gran drama de Marlowe:

¡Mimados jades de Asia!
¿Acaso no podéis recorrer apenas cien yardas,
sin sentiros orgullosos de ese carro a vuestros talones,
conducido por un cochero como el gran Tamerlán?

Shakespeare se burló de ese verso por boca de su personaje, el alférez Pistola, en su obra «Enrique IV»:

Caballos de carga,

y falsos mimados jades de Asia,
que no pueden ir más que cien yardas al día,
¿Por qué compararlos con los césares, caníbales y griegos troyanos?
Cuando más bien deberían ser enviados al infierno.

La opinión de Inglaterra era la misma que la del alférez Pistola, y pronto se olvidó la grandeza de Tamerlán. Sin embargo, en dos años sucesivos conquistó la India y Rusia oriental. Llevaba lo que tradicionalmente se consideraba la armadura del rey David. Pero, hoy en día, ¿quién se acuerda de él? Sólo queda el hermoso nombre de Timur y las ruinas de sus tumbas y mezquitas, que dan una extraña atmósfera de misterio y melancolía a la más joven de las colonias rusas.

Ahora es posible quedarse con la idea romántica de todo el esplendor que ha pasado, y sentir una extraña belleza en Samarcanda. Recuerdo haber leído hace algunos años un hermoso poema en prosa de estilo «impresionista» moderno, escrito por Zoe Pavlovska, que supongo que es rusa, tal vez cosaca. Era la historia de una peregrinación a la tumba de la princesa más amada de Tamerlán:

> Iré a la tumba de la hija del emperador. Será de noche, pero una noche de luna llena; su clara luz me guiará por los laberintos de las calles de la ciudad. Serán estrechas. En los rincones oscuros tendré miedo: formas borrosas se deslizarán junto a mí en las profundas sombras de los muros.
>
> De vez en cuando una luz brillará desde alguna ventana abierta. Me detendré y oiré el canto de poemas, y esperaré a escuchar, meciéndome al compás del ritmo.
>
> Entonces oiré...
>
> «¿Quién conversará conmigo ahora que los camellos amarillos se han ido? No hay amigo para el forastero, salvo el forastero».

Luego saldré sigilosamente de la ciudad por una puerta de tejas turquesas. Allí me preguntarán: «¿Adónde vas?». Responderé, mostrándoles mi caja de jade: «Voy a la tumba de Bibi Janum, a poner esto a sus pies». Y les mostraré la flor de mi caja.

Cuando haya llegado al lugar, me pararé bajo los arcos rotos, y veré que son más azules que el cobalto de la noche que hay más allá; la luna hará sombras extrañas. Parecerá como si gigantescos guerreros la custodiaran. Al llegar al lugar donde yace su cuerpo, susurraré: «Oh, amada de Timur —el que duerme bajo un profundo mar verde de jade—, he traído para ti una flor». Entonces, aunque en un cielo sin nubes, la luna se ocultará lentamente, las sombras púrpuras se alargarán hasta que todo sea negro, excepto donde ella yace; allí cada joya de su tumba brillará en su propio color, como si estuviera iluminada desde dentro, y por esta tenue luz veré las pálidas manos y rostros de cuatro guerreros tártaros que levantarán la piedra que la cubre. Cuando la pongan en el suelo, volverán a ser uno con la oscuridad.

«Hermanos, tengo miedo; permaneced cerca de mí». Así les gritaré. No habrá respuesta, sólo un silencio hecho más desolador por el continuo palpitar de un tambor lejano. Lentamente, de la luz mezclada de las joyas, surgirá una forma vestida con ropas del color de granadas maduras labradas con flores de oro; algunas cintas verde manzana caerán de sus hombros, y bajo sus pechos habrá una faja de vivo carmesí. Llevará en la cabeza una corona de joyas y flores y hojas de oro mate; de esta corona caerán gotas de jade y amatista a ambos lados de su rostro, que estará pintado de rosa tulipán y sus labios de escarlata; sus ojos estarán bordeados de joyas negras pulverizadas.

Entonces, contemplándola, pondré a sus pies la flor de mi jardín y, sonriendo, me devolverá una amapola de ámbar. Ella dirá, mirándome a los ojos: «Pides dormir; pero yo daría la eternidad de mi sueño a cambio de un momento de ese dolor que una vez llamé vida».

La Gran Guerra de hoy hace que el pasado sea más melancólico y, a medida que los siglos avanzan con nuevas penas, calamidades y luchas, los rostros de la historia se muestran más pálidos y tristes. El crepúsculo del olvido se hace más profundo. La historia del hombre se vuelve más melancólica.

Festival mahometano en Samarcanda – La hora de la oración

VI

Tashkent

El territorio al este de Samarcanda es mucho más verde que el del oeste. Era interesante observar que cuanto más al este me alejaba de las orillas del Caspio, menos predominaba el desierto. Había abundante vida en las llanuras; muchos caballos pastando, muchos camellos transportando mármol gris para la construcción de nuevos palacios, muchas ovejas. En las estaciones de ferrocarril había sarracenos, kirguises, afganos, algunos hindúes y judíos. Estos no eran judíos rusos, sino judíos orientales polígamos, una tribu rica, apartada y conservadora, que no quiere a sus hermanos rusos ni sentarse con ellos en la mesa, al menos eso me informó un judío que viajaba en el tren.

Samarcanda está fuera del protectorado de Bujará y es ahora una ciudad del Imperio ruso. También es un gran centro mahometano, tanto por tradición e historia como por los hechos actuales; pero ahora está completamente bajo influencia rusa, y el futuro que le espera será cada vez más influenciado por su nuevo amo. Ya hay allí 25.000 rusos. La ciudad está dividida por un largo bulevar en dos partes, nativa y rusa, y puede suponerse que el estado actual de Samarcanda presagia el estado futuro de Bujará; y que esas tres o cuatro casas que forman la parte rusa de Bujará se encontrarán finalmente en el centro de una gran ciudad rusa, frente a frente con la ciudad oriental y antigua.

¡Qué maravillosa historia tiene Samarcanda, tanto en leyenda como en la realidad! Fue fundada por un personaje mítico en el año 4000 a. C., pero sólo pasó a la historia como lugar conquistado por Alejandro Magno. Fue conquistada sucesivamente por los distintos monarcas hunos y tártaros, por los árabes proselitistas, por los uzbekos y, por último, por los rusos en 1868. Toda su historia es una historia de conquistas. Hoy en día, sus gentes son las más amables del mundo, no llevan armas, no cometen actos violentos, ni siquiera parecen enfadarse nunca; me refiero, por supuesto, a los sartos.

Elegantes sartos en Tashkent

Una hermosa cadena de ciudades —Asjabad, Merv, Bujará, Samarcanda, Tashkent— que están, todas ellas, conectadas por ferrocarril y en comunicación económica directa con Europa; es posible tomar un tren de Petrogrado a Tashkent, Bujará, o a la frontera persa sin hacer transbordo.

Durante la semana en que estuve en Bujará y Samarcanda se iniciaron las obras del nuevo ferrocarril que irá de Tashkent a Gulja*, en la Tartaria china, y dentro de poco, tal vez, veamos que se llega a un acuerdo y se inician los trabajos de construcción del ferrocarril a la India a través de Persia. Rusia, detenida en el Lejano Oriente por la aparición del Japón moderno, y frustrada en los Balcanes, parecía concentrar su atención en la época inmediatamente anterior a la Gran Guerra en lo que podría llamarse hoy Oriente Medio. ¡Cuán abierta se está volviendo Europa al Oriente, y cuán fácil se está volviendo el Oriente para nosotros!

La amistad de ingleses y rusos en Asia central debe significar una vida más próspera y beneficiosa para ambos imperios. Y el desarrollo de Asia puede significar mucho para los rusos de origen; ellos, como nosotros, se inclinan a tomar su propia tierra y sus capitales como los únicos lugares de interés en el mundo. Tras leer algunos de los periódicos de Moscú y Petersburgo, uno ya puede alterar la frase de Kipling y preguntarse: «¿Qué saben de Rusia los que sólo saben de Moscú?».

Tashkent es la capital de Asia central rusa y es una ciudad bien construida que se extiende sobre una superficie enorme. Ocupa una quinta parte de la superficie de Londres. No hay aglomeraciones en ninguna parte. Las casas, por miedo a los terremotos, no tienen más de dos plantas, y rara vez más. Hay muchos jardines públicos, donde uno puede sentarse en mesas de manteles blancos y beber Narzan† o kumis a la sombra de árboles de espeso follaje.

---

* Yining.

† Popular marca rusa de agua mineral.

Tashkent es una ciudad en un oasis. Tiene una vegetación maravillosa. Por todas las calles corren enérgicas corrientes de agua fresca, conducidas por el sistema de riego desde el río. Durante día y noche corre el ruido del agua, de modo que si uno se despierta en el silencio de la noche y lo escucha, puede imaginarse por un momento que vive en un pueblo entre colinas repletas de miles de cascadas y riachuelos.

¡Qué útil es este suministro de agua para Tashkent! No hay necesidad de carros de agua; trabajadores fuertes son empleados con cubos para recoger agua de los arroyos y arrojarla a través de los adoquines todo el día. Su trabajo es tan eficaz que nunca se huele el polvo y, de hecho, a veces es necesario llevar botas impermeables, ya que las calles están muy embarradas.

Los arroyos refrescan el aire, reducen el polvo, dan vida a los altos álamos de las numerosas avenidas y son el elemento conveniente para que miles de mahometanos se laven antes de rezar sus oraciones. Los arroyos convierten la ciudad en campo. Mientras se camina por la pavimentada calle Mayor y se contemplan las tiendas de Tashkent, la atención puede desviarse hacia la delicada lavandera cascadeña que anida en las cercanías, y mientras se espera el tranvía eléctrico se observa revolotear a la pequeña mariposa de los brezales, tan a gusto como en las montañas. Por la noche, mientras todos los rusos, vestidos de blanco, desfilan de arriba para abajo y cotillean, y la luna mira desde lo alto de los gigantescos árboles de los jardines y las calles principales, los arroyos siguen acaparando la atención, pues de ellos procede un tumultuoso, eterno y furioso coro de ranas.

Por las largas calles que van de la ciudad vieja a la nueva suben hileras de camellos de aspecto apacible, de lomo bajo, joroba sencilla y cuello largo, a veces con hasta veinte collares de cuentas azules bajo las orejas. Los caballos también están muy adornados con alfombras y cuerdas de colores que mantienen alejadas a las moscas. Los carros de ruedas altas de Bujará se han vuelto demasiado comunes en Tashkent como para llamar la atención.

Un negocio alemán en el barrio antiguo de Tashkent

En conjunto, Oriente resulta menos romántico aquí que en Bujará. La población nativa, de 200.000 habitantes, está muy sucia y desordenada; las mujeres, tras sus velos, no son tan estrictas ni tan cuidadosas; las casas no están tan bien cuidadas; todo está sucio y en ruinas. En los tejados de las mezquitas hay miles de amapolas rojas en flor, y de vez en cuando se ve el nido de la grulla en lo alto de las torres desde donde el almuédano llama a la oración.

Hay puestos de caldereros, alfombristas y sederos, y caravasares donde se ven toda clase de pintorescos musulmanes tumbados en divanes y alfombras, o en cuclillas frente a tazas de té; pero aquí todo es de segunda mano. Con la llegada de los rusos, el ángel de la muerte ha caído sobre todo lo que una vez fue la grandeza de Oriente en Tashkent. Antaño no había rusos en el país, y lo que hoy es la antigua Tashkent, era la única Tashkent. Era una gran ciudad musulmana que podía señalarse geográficamente como tal. Pero a medida que se fueron trazando las bellas calles rusas, se abrieron las grandes tiendas, se construyeron las catedrales y jardines, el antiguo laberinto de la ciudad oriental se fue convirtiendo poco a poco en una curiosidad y un anacronismo. Se desvaneció ante los ojos.

Al año siguiente, los rusos iban a celebrar el quincuagésimo aniversario de la conquista de la ciudad, ¡sólo el quincuagésimo! Pobre vieja Tashkent, deslizándose en la hoja amarillenta y amarga, desapareciendo incluso mientras uno miraba, siempre decreciendo mientras la nueva ciudad siempre gana en tamaño; hay mucho patetismo en su destino.

Los nativos son, en su mayoría, sartos, un pueblo absolutamente sin ambiciones, honrado, tranquilo y sobrio. Apenas cometen delitos. Se dice que una semana al año se van de juerga y se deshacen del pecado que llevan dentro. El resto del tiempo se comportan como corderos. No se interesan por nada, excepto por los pequeños negocios que hacen o venden. Sus esposas llevan anillos en los orificios nasales como adorno, según pude observar cuando el sol brillaba sobre sus velos negros.

Es extraño ver el tranvía eléctrico que va de la ciudad vieja a la nueva, y viceversa, atestado de hombres con turbantes blancos y largas túnicas, y de mujeres orientales con sus velos.

Los regimientos acuartelados en la nueva Tashkent sientan las bases de la sociedad, y las tiendas de lujo existen principalmente por la costumbre de los oficiales y sus esposas. Un gran duque, que fue desterrado por regalar una joya de la corona a una dama favorita, vive aquí en el exilio, aunque ahora no es más que un anciano y recibe pocos invitados. Altas personalidades oficiales visitan constantemente la colonia, por lo que se alojan en Tashkent.

Todo el ambiente es castrense y en todas partes se respira una elegancia inusual. Se nota especialmente lo bien vestidas que van las mujeres en los teatros y en los jardines, y los hombres que las acompañan portan casi todos una espada. El ruso de clase media es raro de ver, y el campesino trabajador es raro, debido al hecho de que los sartos trabajan por un salario hasta nueve veces menor que un ruso. Hay, sin embargo, un elemento armenio un tanto dandi; jóvenes vendedores ambulantes, limpiabotas y barberos, que aparecen por la noche con cuellos blancos y sargas baratas, con mechones peinados bajo sombreros de fieltro, con bastones en las manos.

Tashkent tiene ahora muchas escuelas, desde la importante *Corpus*, el colegio militar donde se educa a los hijos de los oficiales, hasta la pequeña escuela nativa donde el maestro ruso intenta dar lecciones de ruso a los sartos. Visité la espléndida escuela militar, y sólo lamenté llegar demasiado tarde en la temporada para ver una hora de fútbol ruso, juego muy popular entre los muchachos. La mayoría de los profesores de esta escuela son oficiales, y conocí a un encantador capitán del Estado Mayor que se había relacionado con varios corresponsales ingleses durante la guerra de Manchuria. El profesor de francés compartió conmigo algunas fotografías interesantes.

En Tashkent hay seis salas de cine, dos teatros, un teatro al aire libre, una pista de patinaje y muchas pequeñas diversiones. Los nativos acuden al cine y generalmente hay largas filas de figuras con turbantes en la parte delantera del teatro. En los teatros de verdad, los que saben ruso ocupan necesariamente los asientos. En el teatro al aire libre representan *La fierecilla domada*, en el coliseo *Casa de muñecas* y *Celos* de Mijaíl Artsibáshev. La ciudad tiene dos periódicos, y el día que llegué descubrí que el artículo principal del *Correo del Turquestán* se titulaba «El estado de los asuntos en el Ulster». Toda Europa parecía tener sus ojos puestos en nuestra política, y Europa se extiende ahora tan al este como Tashkent, aunque es de «Asia central» de donde esa ciudad pretende ser la capital.

Tashkent es un lugar maravilloso. Las cerezas maduran el primero de mayo, las fresas cuestan siete kopeks la libra a mediados de mayo. Todo madura tres semanas antes que en Rusia. Es una ciudad fresca y fragante, una curiosidad interesante entre las ciudades del mundo. Los rusos tienen en ella una ciudad digna de poseer. Hay que decir que han hecho todo lo posible por conquistarla, no sólo en la letra de la ley, sino mejorándola, gobernándola y dándole una atmósfera rusa.

A pesar de los camellos, las mezquitas, de los nativos con turbante y de la triste llamada del almuédano, uno siente en todo momento, al recorrer las calles de Tashkent, que está en Rusia.

La plaza Kaufmann es, supongo, la posición más noble de la nueva ciudad, ya que todas las avenidas y calles se han construido para enmarcar el monumento que allí se alza. Se trata de la estatua del general Kaufmann, que anexionó la ciudad para los rusos. A un lado del monumento hay un águila bicéfala de piedra, feroz, oscura y enorme. Pero entre sus garras este año ha anidado una paloma. Detrás del águila, el general Von Kaufmann contempla su país recién conquistado. Al otro lado del monumento se halla la siguiente inscripción:

«Te ruego que me entierres aquí para que todos sepan que aquí está la verdadera tierra rusa en la que ningún ruso debe avergonzarse de yacer».

(*De una carta del general Kaufmann*, 1878).
Es llamativo que lo diga un ruso con apellido alemán.

TASHKENT: UN PARTIDO DE FÚTBOL EN LA ESCUELA

VII

La conquista rusa

Los príncipes rusos Yaroslav II Vsévolodovich y su hijo Alejandro Nevski rindieron pleitesía a los kanes mongoles en el siglo XIII. Timur capturó miles de esclavos rusos tras sus conquistas, y Rusia quedó bajo el yugo de los tártaros. El imperio de Asia duró poco en manos de la dinastía de Tamerlán, y aparecieron los cosacos uzbekos y kirguises, que libraron una guerra santa por el islam.

En la actualidad hay un millón de uzbekos en la provincia de Bujará, trescientos cincuenta mil en Jiva y quinientos mil repartidos por el resto del Turquestán ruso, además de un puñado en Afganistán. Los uzbekos formaron tres reinos: Bujará, Jiva y Kokand. Los emires de estos estados siguen siendo uzbekos, pero ahora son poco más que funcionarios rusos. Una dependencia de Kokand era Pamir, donde los kirguises vagaban con sus rebaños; gente que ahora deambula por las montañas de Tian Shan en Ferganá y la tierra de los Siete Ríos, también en partes del Sir Daria y el Turquestán oriental. Los cosacos kirguises llegaron al sur desde lo que hoy es la estepa de Akmólinsk*, en Siberia. Esta raza, una especie de mestizaje de hunos y tártaros, se extendió por todo el desierto, desde el lago Baljash hasta los Urales. En el siglo XVII eran una nación organizada y poderosa, con un kan en Tashkent; pero en el siglo siguiente hubo disensiones

* Antiguo óblast del Imperio ruso situado en la actual Kazajistán.

y se crearon facciones. Entonces la nación se dividió en tres grandes hordas. La gran horda se dirigió a la tierra de los Siete Ríos, en los Urales septentrionales; la horda intermedia, a las estepas de Akmólinsk, y la pequeña, a Sir Daria y los Urales. Desde entonces, su espíritu militar parece haber decaído. Hoy en día son tan pacíficos como sus rebaños. Entre 1846 y 1854, los rusos empezaron a penetrar en los desiertos de la tierra de los Siete Ríos y a tomar a los kirguises como súbditos. Hubo muy pocos combates reales hasta que los rusos entraron en contacto con los uzbekos de Kokand, a los que, sin embargo, combatieron y derrocaron con una matanza considerable. Verny* cayó en 1854, Biskek y Tokmak en 1862. Entonces los rusos se volvieron hacia el oeste y tomaron Auliye Ata†, Chimkent‡ y Tashkent. En 1867, la tierra de los Siete Ríos se convirtió en una provincia rusa, y la corriente de la colonización rusa salió de Siberia hacia el sur, en dirección a la India.

Una corriente de colonos se desplazó hacia el sur desde Siberia, otra hacia el este desde el Volga. Entonces comenzó el ascenso del poder ruso. En el siglo XVI, los rusos habían empezado a imponerse, y Kazán y Astracán, aunque eran ciudades predominantemente tártaras, cayeron ante los asaltos de las armas cristianas. En el siglo XVIII, los colonos campesinos ya habían entrado en contacto con los cosacos kirguises, y hubo que trazar líneas fronterizas. Oremburgo cayó en manos rusas en 1748, y la penetración pacífica siguió al éxito militar. En 1847, la gran horda de los kirguises se convirtió en súbditos rusos, y todas las razas de Asia central empezaron a hablar del próximo avance de los rusos y de la

---

* Almaty.

† Taraz.

‡ Shymkent.

necesidad de combatirlos. La guerra de conquista rusa se consumó en Oriente. Desde Tashkent los rusos procedieron a hacer la guerra al emirato de Bujará. En vano, el emir de Bujará exigió la evacuación de Tashkent por los rusos. En 1866, los bujaríes fueron derrotados en la batalla de Irjar y Juyand fue tomada por asalto. Tras duros combates contra uzbekos y turcomanos, que resultó en una gran matanza de mahometanos, se acercaron a Samarcanda, que finalmente ocuparon invitados por sus habitantes. En 1868 se firmó un tratado entre el emir de Bujará y el zar, por el que Samarcanda y su distrito pasaban a Rusia.

En 1869, un ejército ruso cruzó el Caspio y sitió Krasnovodsk, y se intentó cruzar el desierto a lo largo de la frontera norte de Persia. Sin embargo, los turcomanos opusieron una resistencia heroica y Rusia no avanzó hasta 1880, cuando Skóbelev recibió el encargo de someter a las tribus. A principios de diciembre de 1880, el ejército de Turquestán, al mando del coronel Kuropatkin, avanzó más de ochocientos kilómetros a través del páramo y tomó la fortaleza de Dangil-Tepe. Asjabad fue conquistada, así como todos los puntos fortificados de Transcaspia, y esta se convirtió en provincia rusa en 1881.

En 1884 hubo una corta lucha, y entonces la antigua ciudad de Merv cayó en manos rusas, y los ingleses empezaron a ver el progreso ruso con inquietud. Incluso se acuñó la palabra «nerviosismo»; los rusófobos no podían quitarse a Merv de la cabeza. Hay que admitir que fuimos bastante retrógrados al no tratar con los rusos y obtener tratados comerciales definitivos en aquella época. Porque perdimos una oportunidad que Alemania aprovechó para ganar una gran cantidad de comercio para sí.

Bujará y Jiva quedaron bajo protección rusa. Se construyó el ferrocarril de Asia central, y Rusia se convirtió en la potencia más importante del mundo musulmán de la región, poseyendo como súbditos a tantos millones de kirguises, sartos, uzbekos, turcomanos, tekes, tártaros, y siendo vecinos de turcos, persas, afganos y demás. Nunca se había ganado con tan poca dificultad tal extensión de territorio, ni tantos nuevos súbditos, ni tanto comercio y beneficio. Se ganó casi mediante desfiles militares. Hay que recordar que no se podría haber conquistado, ni Rusia tendría hoy ningún asidero real allí, de no ser por los pioneros campesinos que siguieron a los ejércitos y empezaron a colonizar la tierra. Y los campesinos no se habrían quedado si el Gobierno de Rusia no les hubiera ayudado con préstamos, no les hubiera encontrado parcelas adecuadas para sus aldeas y no hubiera irrigado el desierto.

Pastores afables, todos kirguises

Ahora el Turquestán y el Asia central rusa son colonias rusas extremadamente leales, pacíficas y felices. La rebelión fue sofocada con tal severidad por los rusos, las derrotas fueron con tal matanza, que los miembros de las tribus asiáticas aprendieron que Rusia era demasiado poderosa para jugar con ella; supieron que habían encontrado a sus amos, y se sometieron absolutamente. Los rusos dominaron sus espíritus, sintieron que había un poder mágico detrás de ellos y que la resistencia humana era vana. Entonces el miedo dio paso a la plácida aceptación del dominio, y los rusos empezaron a construir iglesias, escuelas, fortalezas y cuarteles, tiendas, ciudades, pueblos, pues nadie les dijo que no. El comercio pasó a manos de los mercaderes rusos y surgieron nuevas ciudades junto a las antiguas: la nueva Bujará junto a la vieja Bujará, la nueva Tashkent junto a la vieja Tashkent, y los musulmanes vieron desvelada la voluntad de Dios. En realidad, no podían ser un pueblo muy belicoso. No son como los mahometanos bajo nuestro dominio o los turcos, aunque es muy posible que si, como resultado de la guerra mundial, Armenia y Turquía cayeran en manos rusas, los mahometanos de allí aceptaran su suerte como destino y se establecieran a vivir tan pacíficamente como sus correligionarios del Asia central rusa. Estos son mansos.

Durante el pasado invierno, los alemanes se han esforzado por incitar al islam a luchar contra Inglaterra, Francia y Rusia. Alemania y Turquía han encontrado un terreno común. Los árabes de Mesopotamia libran una guerra santa contra nosotros. Persia ha vacilado; ha habido agitación en la India, podría haber habido un levantamiento en Afganistán, pero no ha habido ninguna posibilidad de un levantamiento de los mahometanos que son súbditos rusos. Todos los aborígenes del Asia central rusa son devotos de la paz, y ninguno tiene ninguna disputa con el Imperio ruso.

Rusia, por supuesto, tiene un control considerable sobre sus súbditos mahometanos gracias a los ferrocarriles. El desarrollo de las líneas en Asia central ha sido sin duda una sabia medida imperial por parte de Rusia, y son los mejores frutos de su conquista. La construcción planteó algunos problemas de ingeniería interesantes, aunque cabe señalar que los ingenieros rusos suelen tener éxito en la construcción de ferrocarriles en llanuras, incluso en desiertos, pero fracasan cuando llegan a las montañas.

Maestro ruso en escuela de Tashkent

El ferrocarril de Asia central tenía como objetivo original la pacificación de los tekes, y era una línea estratégica desde el puesto transcaspio de Krasnovodsk hasta el oasis de Kizil Arvat*. Se construyó sobre el desierto y al principio se consideró de carácter militar temporal. Ahora no puede considerarse una línea férrea bien construida, es muy frágil, y los trenes se ven obligados a ir muy despacio. Además, está constantemente en peligro de obstrucción por arena

* Gyzylarbat.

debido a las tormentas. En el curso de las operaciones militares contra los tekes, Geok-Tepe fue asaltada en enero de 1881 y el primer tren pasó por Kizil Arvat en diciembre del mismo año. Kizil Arvat siguió siendo la terminal hasta la refriega con los afganos, el 30 de marzo de 1885, cuando se acometió seriamente la prolongación.

En junio de 1885, el zar decidió continuar el ferrocarril hacia la frontera de Afganistán, y el 11 de diciembre de 1885, las cuadrillas militares rusas responsables del ferrocarril prolongaron los raíles otros doscientos veinte kilómetros hasta Asjabad, en el límite septentrional de Persia. Merv fue anexionada, y los raíles extendidos hasta ella.

En diciembre de 1886, el ferrocarril había llegado hasta Charjou, en el Oxus. Se construyó un puente sobre el río Rojo y el ferrocarril continuó hasta Bujará y Samarcanda. Se puso en marcha un servicio estatal de vapores por el Oxus entre Charjou y Jiva. En 1888 se celebró la finalización de la línea hasta Samarcanda y el ferrocarril fue consagrado con pompa eclesiástica.

Los rusos siempre han dado la impresión de que no tenían intención de desarrollar sus ferrocarriles y, sin embargo, no han dejado de desarrollarlos. Han ido hacia el sur desde Merv hasta el río Kush, en la frontera afgana, y hacia el este desde Juyand hasta Andiyán y Kokand. Han tendido una línea principal desde Petrogrado, pasando por Oremburgo, a través de los desiertos de Sir Daria, hasta las ciudades de Turquestán y Tashkent, y tienen así un ferrocarril desde el Báltico hasta unos cientos de kilómetros de la India. En febrero de 1916, los trenes circularon por primera vez en el primer tramo del nuevo ferrocarril que unirá a Rusia y China occidental. Ahora es posible ir a Chimkent en tren, y posiblemente el año próximo hasta Auliye Ata. Si los ingleses estuvieran a cargo de este territorio, probablemente ya habría más ferrocarriles. En cualquier caso, el principal valor de los ferrocarriles ha sido el medio que han proporcionado para la pacificación incruenta de las tribus. Pero su futuro no es tanto militar como de comercio y desarrollo imperial.

Rusia ha hecho sus conquistas imperiales por la fuerza de las armas, y las ha salvaguardado con el despliegue del ferrocarril y la colonización. Hay que recordar que antes, después y durante este tiempo, fluye la corriente natural de la colonización. El último vínculo de unidad es el que proviene de los lazos familiares nacionales de la colonización. Nada se interpone en el camino de Rusia, que siempre está colonizando silenciosamente el Oriente vacío.

El Gobierno ruso podría publicar un interesante gráfico anual mostrando las oleadas de colonización: los nuevos lugares en los bosques y desiertos a los que se ha dado nombre, las nuevas granjas, el aumento de la población en los distritos más cercanos, la eflorescencia de la empresa rusa en los puntos más lejanos que han alcanzado. Varios centenares de familias rusas se han establecido en el norte de Persia, varios centenares también en Mongolia y China. El movimiento continúa, y no se debe principalmente a la densidad de población en la Rusia europea. Toda Rusia, a excepción de las pocas regiones industriales, está infrapoblada. Hay espacio de sobra. ¿Por qué, entonces, debería Rusia aumentar?, o ¿por qué no? Rusia tiene acceso al corazón vacío de Asia. El viejo mundo está vacío por dentro, y Rusia tiene acceso a ese gran vacío, se sitúa a su puerta y lo mira fijamente. Su pueblo errante tiene el espíritu de la aventura. Un viento sopla sobre ellos que alienta a su corazón nómada. Aman el camino y la búsqueda. Son buscadores. Incluso los más materialistas de ellos, los menos religiosos en su expresión exterior, alimentan sueños de éxito e ideas de climas dorados que se encuentran «más allá del horizonte». Deberíamos llamar a muchos de ellos «vagos», aunque, de hecho, todos tienen la intención de hacer bien en alguna parte. Toman granjas y las abandonan con muy pocos escrúpulos, y luego se van más lejos, disgustando a los ojos oficiales en un distrito, pero sabiendo que deleitarán a otros ojos oficiales más adelante cuando aparezcan con carros, ganado y pertenencias en algún verde y vacío páramo aún más lejos del centro de Rusia.

PAISAJE AGRADABLE A LAS AFUERAS DE TASHKENT

VIII

En la carretera

Tuve algunas dificultades para salir de Tashkent. Tenía dos billetes británicos, pero ningún banco los cambiaba. Los empleados sostenían el papel al revés, se lo llevaban a sus colegas, que estaban tomando té mientras trabajaban en sus libros de contabilidad, los enseñaban al director para mostrarle una curiosidad, y finalmente me lo devolvían «con mucho pesar». «No piense que somos salvajes porque no aceptamos su dinero. El hecho es que nunca lo hemos visto antes y ni siquiera podemos leer lo que está escrito en él», dijo un empleado de banco.

Otro empleado que simpatizaba conmigo, me informó de que había un inglés en Tashkent, un comerciante que hacía muchos negocios y tenía una cuenta en el banco, me dijo que fuera a verle, pues él sabría lo que valían los billetes y sin duda alojaría a un compatriota. Obtuve la dirección y busqué a mi compatriota. Se llamaba algo así como Kellerman, y no era muy prometedor. He aquí uno de los ingleses más graciosos que he conocido. Se trataba de un judío alemán como no había visto en mi vida, que apenas hablaba inglés y cometía todos los errores cómicos que los alemanes cometen con nuestra lengua, un viejo gordo, mal afeitado, sin cuello y de tez grasienta, un intermediario que compraba lanas y crin de caballo, tortas de aceite y semillas a los nativos sarracenos, judíos, tártaros y kirguises. Afirmaba estar encantado de conocer a un compatriota y añoraba su «tierra natal»: una bonita casa en Kentish Town, con niebla y humedad en las calles, un buen fuego, bajar las persianas y leer el *Daily Telegraph*. Todas las noches, en Tashkent, se dirigía a los jardines públicos, se sentaba junto a la pista de patinaje y contemplaba el violento torbellino de jóvenes armenios y sus amigas sobre patines. Todas las noches, entre las diez y las doce, podía encontrarse a Kellerman en su sitio, riéndose para sus adentros al ver los accidentes. «Es un placer ver a otras personas romperse el cuello o las piernas», decía él.

Huelga decir que no quiso tocar mis billetes; al principio pensó que podían ser falsos, y luego me ofreció tres libras por cada uno. Dijo que no los cambiaría, pero que estaría dispuesto a llegar a un acuerdo y tratarlo como un asunto de negocios. Así que tuve que enviar mi dinero por correo a Moscú.

El siguiente obstáculo me lo puso la policía, que dudaba de que tuviera permiso para vagar por Asia central, y sólo después de haber revisado yo mismo los libros de la comisaría, encontré mi nombre, casi irreconociblemente escrito, en la lista de los que tenían permiso. Por fin conseguí mi dinero en moneda rusa y mi visado, y pude marcharme. Emprendí, pues, mi largo viaje desde los límites del ferrocarril hasta la frontera de China.

Tomé el tren a Kabul Sai, una pequeña estación al norte de Tashkent, y desde allí partí a través de las colinas cubiertas de hierba hacia Chimkent, el primer punto importante de mi viaje. Estaba un poco inquieto por si me detenía el gendarme de la estación, pues no era de creer que todas las autoridades policiales locales tuvieran mi nombre legiblemente inscrito, y no quería retrasarme esperando mientras Kabul Sai y otros cien lugares escribían a Tashkent pidiendo información. Sin embargo, escapé a la atención y, después de haberme preparado una buena cena campestre (una gran cena, mejor dicho) en el bufé de la estación, me entretuve hasta que el tren salió de la estación y entonces, con brújula y mapa, atravesé el país y encontré la carretera sin hacer preguntas.

Así que me puse en pie en Sir Daria, la tierra de la pequeña horda de los kirguises. La llanura era polvorienta y vasta, con un gran cielo en lo alto. Había escarabajos de largas patas que correteaban por el polvo del camino, familias de tortugas que comían hierba y dientes de león, y que se sorprendían cuando se las cogía y examinaba. El padre tortuga era grande y verde; sus hijos eran pequeñitos, como cangrejos jóvenes. No había ningún cultivo a la vista; la primera hierba ya había sido sembrada y se había marchitado, pero miles de lirios azules estaban en flor, y las altas gavillas de sus hojas contrastaban extrañamente con la hierba moribunda de abajo. El sol calentaba, pero un viento fresco me animaba mientras caminaba. Un coro de alondras en lo alto fue el preludio de mi viaje.

Los únicos habitantes de la carretera eran kirguises. A lo lejos, en las colinas, observé sus grandes rebaños de ganado y las tiendas circulares de los nómadas. No había aldeas, porque apenas era «país de blancos»; no había agua para beber. Pensé en prepararme un té, pero prescindí de mi anfitrión. Donde debería haber habido arroyos sólo había un parqué roto de barro seco. No había árboles, ni sombra, ni refugio y, si encontraba agua, tampoco combustible. Los cinco carros de postas, tirados cada uno por tres caballos y conducidos por enormes y gordos conductores kirguises con caras del color de la caoba mate, pasaron junto a mí en una nube de polvo, y los vi alejarse mientras el sol se ponía. Se detuvieron junto a un puente de madera tras un kilómetro. Evidentemente había agua; tal vez los conductores querían beber. Me alegré mucho ante la perspectiva de un té. Cuando me acerqué, vi que todos los conductores estaban rezando sus oraciones mahometanas y se habían detenido junto al arroyo para lavarse. El agua era de color marrón rojizo, con barro mezclado; no se podía ver la luz a través de un vaso.

Decidí ver qué podía conseguir en las tiendas de los kirguises, dejé mi mochila a un lado del camino y me puse en

Una abuela kirguís, vendedora de kumis

marcha, con una olla en una mano y un poco de plata en la otra. Había tres tiendas en una colina, y cerca de ellas muchas vacas, cabras y caballos. Llegué en medio de un torbellino de perros, tres o cuatro perros pastores que enseñaban los dientes, ladraban y gruñían mientras me rodeaban en círculos. Varias mujeres estaban ocupadas con inmensas cacerolas de leche que hervían sobre hogueras hechas con raíces. Al principio parecían un poco asustadas, pero cuando les mostré la olla y les señalé el trozo de plata, comprendieron lo que quería decir y rápidamente me prepararon una olla llena de leche caliente y humeante. La llevé con cuidado hasta el lugar donde había colgado mi mochila, y allí me senté, sintiéndome más bien perdido, y bebí la leche caliente y mordisqueé un poco de pan que había traído del pueblo. Los perros me siguieron todo el camino hasta mi lugar de descanso, pero cuando me vieron sentarme y tomarme las cosas con calma se retiraron a cierta distancia y mantuvieron un coro desganado.

Así fue como obtuve mi primera comida al aire libre junto a la carretera. Lo siguiente fue encontrar un lugar para pasar la noche. No había variedad en el país, y sólo podía elegir un lugar donde hubiera menos insectos y uno que no estuviera sobre la madriguera de una tortuga. Tenía un saco de dormir ligero, hecho en casa, y una manta de lana. El saco estaba hecho cosiendo dos sábanas juntas por tres lados. El saco es un artículo útil; mantiene alejados a los insectos y es mucho más cálido que la ropa abierta. También tenía una mosquitera, pues aquí hay más moscas que en otras partes del mundo. Antes de extenderme, quité una elegante oruga de roble. Siempre he sido reacio a lastimar a los reptiles de la tierra, sobre todo en los viajes largos. Siento que, en cierta medida, estoy a su cargo. Es una especie de superstición natural. En cuanto matas algo superfluamente, el horror te estremece como estremeció al antiguo marino que disparó a un albatros.

Me tumbé en una posición que me permitió ver la puesta de sol por la tarde y el amanecer por la mañana. El atardecer fue tormentoso, pero en algún lugar, entre las nubes teñidas de rosa, una alondra tardía cantó la llegada del nuevo día. Luego aparecieron las estrellas tras las cortinas de nubes, y la brisa nocturna llevó sus mensajes a lo largo del brezal. El primer soplo de la noche fue fresco y agradable, pero aproximadamente una hora después de la puesta del sol, el tiempo cambió por completo. Se volvió muy caluroso y sin aire, y los relámpagos se dispararon a través de todos los horizontes. Cayó un chaparrón y las estrellas desaparecieron. Mientras contemplaba el cielo, oí a lo lejos el parloteo de los niños: gorjeos, risas y ocasionales estallidos de canto. Los sonidos se hicieron más cercanos y de pronto apareció una tropa de camellos, doce enormes camellos acechando desde la noche, y sobre sus lomos hombres, mujeres y niños, tiendas, mercancías. Una pequeña familia de vagabundos cruzando el desierto por la noche. Se acercaron tanto a mí que el primer camello resopló al pasar y tuve que incorporarme para avisar a los demás. No había previsto que pudiera haber gente atravesando el país de noche. Pasaron y la tranquilidad de la noche volvió a imponerse. Las nubes se espesaron, y los relámpagos brillaron bajo ellas; empezó a llover de nuevo, luego paró y las estrellas volvieron a salir. Entonces las nubes comenzaron a espesarse otra vez, y una vez más la lluvia cayó sobre mí con rápidos golpecitos. Así toda la noche, y fue una agradable atenuación del calor. Dormí felizmente, y pasó mucho tiempo antes de que me despertara.

Cuando volví a abrir los ojos fue para contemplar las siete estrellas que se erguían sobre una nube azul, grisácea y vaporosa, que parecían una extraña sartén asiática sobre el fuego. Apenas se veían otras estrellas, pues en el sur, el este y el oeste se percibía la oscuridad absoluta. No se me ocurrió pensar que estaba a punto de amanecer. Pero, de pronto, una voz de melodía líquida irrumpió en el cielo y, tras ella, como a una señal, todo un coro de alondras cantó al unísono en lo alto de la bóveda celeste mojada por la lluvia.

Dormí una hora más y se hizo de día. Para desayunar visité otra tienda kirguís, y esta vez conseguí un tarro de leche de yegua. Una anciana enana estaba en cuclillas sobre una alfombra en medio de la tienda, y cuando le dije «kumis», se levantó inmediatamente y me trajo una jarra alta de madera. Yo sostuve mi olla, ella inclinó la jarra y vertió el kumis. Menos mal que las mujeres kirguises no se ocultan tanto como las mahometanas de su mismo sexo.

Alrededor de las diez me encontré con dos soldados que caminaban hacia Verny (a unos mil kilómetros de distancia), sus armas y mochilas habían ido antes en carreta. Calculaban que tardarían más de un mes en llegar a su destino. No cabe duda de que harían mejor el viaje con una columna entera, pero tal como estaban, se inclinaban a detenerse cada doscientos metros y quitarse las botas; uno llevaba botas y harapos por medias, y el otro sandalias kirguises atadas con un cordel sobre los pies descalzos. Me dijo que el calzado ligero era mejor que las botas pesadas, pero yo sabía que no era así.

—¿Va pesado? —pregunté.

—Sí, pesado. No hay agua y nadie nos entiende en las tiendas kirguises.

Compartimos lo que quedaba de mi kumis.

—¿De dónde vienes?
—Fuerte de Vorónezh. ¿Y tú?
—De Inglaterra.
—¿Has servido en el ejército?
—No. No necesitamos hacerlo a menos que queramos, ya sabes; nuestros soldados reciben un salario.
—¿Cuánto?
—Cincuenta kopeks al día —dije— y una prima cuando se jubilan.
—A nosotros sólo nos dan setenta kopeks al mes. ¡Qué diferencia! ¿Cuánto tiempo tenéis que servir? Nosotros sólo tenemos tres años de servicio. Por cierto, he visto a sus soldados —dijo el ruso.
—¿Dónde?
—En Teherán. Allí estuvimos codo con codo con ellos. Pero después se vio que no éramos necesarios y nos hicieron retroceder.

Uno de los soldados tenía ganas de hablar, el otro no. De repente, el silencioso preguntó:
—¿Qué estás tramando aquí?
—Sólo estoy paseando por el campo para ver cómo es. Después escribiré sobre ello —dije con aprensión.
—¿Para una biblioteca, por ejemplo?
—Así es.

Después de mucho preguntarnos dónde íbamos a encontrar agua, llegamos por fin a un arroyo donde había agua clara. Estaba caliente y salada, pero decidí preparar té con ella. Los soldados estaban sentados y sonreían incrédulos. No habría sido capaz de encender un fuego si no fuera porque había ido recogiendo cada trozo de leña que encontraba por el camino. Pronto me di cuenta de lo difícil que era encontrar combustible y de lo valioso que era cualquier trozo de leña. Junto al arroyo sólo había heno para quemar. «Ahora moveos», les dije, «e id a buscar heno seco, el más seco; necesitaremos todo el combustible que podamos conseguir». Obedecieron como buenos soldados, el fuego ardió y se puso la tetera para preparar el té. ¡Y vaya té! Nadie lo habría tocado en Tashkent, pero aquí en la carretera nos lo bebimos hasta la última gota y dejamos las hojas de té resecas.

Los soldados se tendieron entonces a dormir, y yo seguí adelante. Un kilómetro y medio más adelante me encontré con un muchacho kirguís que llevaba una guadaña a la espalda, se alegró de mi compañía y me habló exuberantemente en su lengua nativa. Le contesté en ruso, pero como no lo entendía y seguía hablando, para divertirme volví al inglés. Una cosa estaba clara: admiraba mucho mi anillo, y varias veces me cogió la mano mientras caminábamos, mirando el anillo y exclamando en voz alta.

Cuando llegamos a su tienda, le pedí que me trajera un poco de leche de yegua, y así obtuve mi cena. Nunca había probado el kumis antes de aquel día, y en general lo había considerado más como una medicina que como un alimento. Sabía que los médicos ordenaban a los rusos que sufrían de estreñimiento y problemas internos que fueran al país kirguís y vivieran exclusivamente de kumis. Ahora me parecía que tenía que vivir de él, más o menos, durante varias semanas. Algunos dicen que es tan vigorizante como el champán; yo no lo sé. Desde luego, es una bebida agradable y una buena comida.

Aquella noche dormí hasta las diez, y entonces los truenos y la lluvia me obligaron a recoger y buscar refugio. Finalmente, un anciano que conocí en la oscuridad me condujo a un caravasar kirguís. *Sarai* significa en ruso cobertizo o granero, y el caravasar es el cobertizo donde se aloja la caravana, o bien una posada. Me acomodaron en una vieja alfombra sobre un suelo de barro seco. Había una veintena de hombres en la habitación. Algunos roncaban, otros fumaban narguile, uno tocaba una guitarra de tres cuerdas, y el resto estaba en cuclillas alrededor de una lamparita de queroseno en el suelo, repartiendo cartas mugrientas, llamando a los números o recogiendo kopeks.

El tejado de la posada era todo cañas y tierra, y supuse que encima crecía hierba. Las paredes estaban hechas jirones y eran viejas, y de vez en cuando un escorpión enorme se paseaba por ellas. En un rincón había un pato blanco y negro sentado sobre una cesta de huevos. Me aparté de las paredes. «No es bueno dormir bajo techo», reflexioné; «es más fresco y tranquilo en el brezal; pero no quiero empaparme».

Tras pasar la noche en el caravasar kirguís, por la mañana me agasajaron con pan de mijo y té. Mi anfitrión me cobró por la cama y el desayuno, y reanudé mi viaje. El camino transcurría por un páramo alto y azotado por el viento. Me pasé todo el día subiendo colinas hasta sus crestas, o bajando rápidamente cuesta abajo entre las abruptas depresiones que había entre ellas. El sol era como un fantasma en la neblina del cielo; la luz se atenuaba, e incluso de vez en cuando la sombra de una nube se proyectaba sobre los campos, y era delicioso contemplar las miríadas de amapolas carmesíes enclavadas en prados de hierba rala.

Estaba en un territorio más próspero, había más arroyos, más gente, más ganado. Había montañas nevadas en el horizonte. De ellas llegaba algo de frescor de la nieve. Me senté en la cima de una colina bañada por el sol y observé a los corderos jugar; corderos blancos, marrones, amarillos, negros, muy bonitos de ver, muy vivos.

Inmensos rebaños de camellos se acercaban acechándome como si los hubieran liberado de algún corral, gimiendo, gimoteando, gruñendo, tumbándose en el polvo y revolcándose, levantándose de nuevo convulsivamente, haciendo sonar las lúgubres campanillas que cuelgan bajo sus cuellos. Había muchas crías de camello, no mayores que burros, que al avanzar se entregaban a un desgarbado correteo que hacía parecer que sus patas traseras lucharan contra las delanteras. Me resultaba agradable sentarme y observarlos ociosamente.

En cambio, qué diferentes eran los sentimientos de una docena de prisioneros a quienes vi marchar a lo largo de mi camino, seguidos por dos guardias armados. Una pequeña y lamentable tropa de hombres, algunos de ellos desnudos hasta la cintura, porque así iban más frescos, todos muy polvorientos y flácidos, portando en sus manos azules y vacías teteras que esperaban llenar en manantiales o arroyos por el camino. Desgraciadamente, no había agua potable en ninguna parte del camino. Pobres prisioneros. ¡Qué serían para ellos los campos de amapolas, los rebaños de camellos o las hermosas vistas de la estepa! Probablemente sólo había un pensamiento en la cabeza de todos y cada uno de ellos: «¿cuándo podré beber?», o «¿cuándo encontraremos un poco de sombra?».

Los prisioneros siguieron en medio del polvo; yo me quedé atrás al aire libre. Por la tarde vi un samovar humeante fuera de una choza de barro, así que subí y me permitieron tomar el té con una familia kirguís. Estos kirguises no eran nómadas, sino habitantes asentados con pasaporte o papeles. El Gobierno ruso está muy ansioso por conseguir que esta gente errante abandone las tiendas y se instale en viviendas fijas.

Allí estaban, sentados en cuclillas para tomar el té, el dueño de la cabaña, con una capa de color pardo; su mujer, con un abrigo amarillo brillante; un niño, con pantalones de algodón blanco, y una niña morena, desnuda hasta la cintura, pero con pantalones de algodón, una cadena de plata alrededor del cuello y el pelo negro en doce largas y finas trenzas, cada una cargada en el extremo con una pesa de plata que evitaba que se mezclaran y parecieran desordenadas. La madre, de amarillo, llevaba una especie de rompecabezas de alambre en las orejas a modo de pendientes, y en la cabeza un turbante alto y blanco. No era en absoluto una belleza. Parecía como si originalmente la hubieran hecho sin boca y un vecino le hubiera abierto un hueco con un cuchillo romo.

Las mujeres kirguises no son en absoluto femeninas ni atractivas. Mientras estábamos en cuclillas, cada uno con una jofaina en la mano, entró una vecina del campo. Llevaba un turbante y un vestido blancos. Tenía la cara teñida de roble. Llevaba una faja escarlata en la cintura, calzaba botas y en las muñecas llevaba tres brazaletes tipo servilletero. Era una vaquera que acababa de llegar del campo. Llevaba en las manos un pequeño palo de hilar con una pesa circular de plomo en la base, y en él tiraba con destreza del pelo de camello con una mano, mientras con la otra lo retorcía hasta convertirlo en hilo. Evidentemente, era «persona grata» en la cabaña. Tenía una cara grande, bronceada y alegre como la de un caballo.

Después de la merienda, el niño y la niña se fueron corriendo a los rebaños, las mujeres siguieron hilando y el padre sacó un toro con una argolla en la nariz con una cadena y una cuerda colgando. Le puso un trapo de cuero en el lomo y, para mi asombro, montó y se alejó cabalgando por las colinas. Me senté en un rincón a la sombra y contemplé cómo la tarde se convertía en noche.

SARTOS VENDIENDO *LEPESHKA*, EL PAN LOCAL

De pronto, del cielo azul surgió un huracán de granizo y lluvia, que destellaba a través del deslumbrante sol sin llegar a oscurecerlo. Era un granizo grande y punzante, pero a ninguno de los kirguises pareció importarle. Pude ver a todos los niños de la aldea divirtiéndose con los corderos y los terneros en la colina de enfrente. No regresaron hasta el crepúsculo, y entonces se produjo para mí una de las imágenes más hermosas. Todos los niños entraban montados a pelo en los terneros o en las ovejas, y los hacían avanzar a patadas con sus piececitos descalzos. La niña morena estaba sentada a horcajadas sobre un cordero marrón dorado, y su hermano sobre un ternero marrón poco dispuesto. Tras el cordero venía la ansiosa madre oveja, y tras el ternero una vieja vaca negra que bramaba. Subieron muchos niños, y al final del día hubo una alegre reunión y un delicioso ruido de alegría y regocijo. Como recompensa a las ovejas y los corderos, los niños les llevaron pan de mijo y les dieron de comer de sus manos. Las ovejas no hacían más que balar a los niños, y la forma en que estas tomaban el pan de mijo hablaba de una intimidad inusual entre niños y animales. Las ovejas no estaban preocupadas ni estupefactas por las travesuras de los niños; eran vigilantes, voluntariosas y casi tan traviesas como los propios niños. En estos lugares salvajes del mundo, donde no existe civilización ni pretensión alguna por parte del hombre de ser algo más que un animal, donde, además, el hombre vive en medio de grandes rebaños donde todo el trabajo y la actividad parecen consistir en la cría de las ovejas, los hijos de los hombres y de los rebaños son mucho más afines. El nacimiento de los niños se sincroniza con el nacimiento de corderos y potros, y está asociado en la mente aborigen. Se comprende cómo los ojos de los antiguos israelitas y egipcios, esos primitivos pueblos pastores y nómadas, estaban fijos en el acto del nacimiento. Ellos también vivían en medio del mundo animal.

Al anochecer se extendían alfombras fuera de la cabaña para que la gente durmiera en ellas. También vivían la noche con las estrellas. Pero los niños se quedaban mucho tiempo con los corderos, e imagino que en algunos casos dormían con ellos.

Yo, por mi parte, decidí seguir hacia Chimkent y llegué a la pequeña ciudad hacia las diez de la noche. Chimkent es una versión en miniatura de Tashkent, pero sin los grandes edificios y tiendas de la mitad rusa. La misma ciudad ancha; cuando llegas a ella no estás realmente allí; hay que seguir avanzando. Los mismos barrancos a lo largo de todas las calles, sólo que el agua es menos turbia que en Tashkent. También existen múltiples negocios sartos y las deslumbrantes funciones de cine. Me acerqué a un brillante edificio iluminado, pensando que podría ser un hotel, pero era el cine «Luz». Todos los cines tienen nombre en Rusia, ninguno más común que este: «La Luz».

Al final encontré una posada y una habitación. A la mañana siguiente salí en busca de provisiones. Chimkent tiene fama de abrevadero, ¡sobre todo por la abundancia de kumis! Los rusos son muy aficionados a ir a lugares extraños para «curarse», y el kumis es la cura por excelencia en Chimkent. Sin embargo, es una ciudad preciosa. Chimkent tiene su fondo montañoso, sus magníficos álamos de tallo blanco, sus viejas ruinas, sus fortificaciones. Los rusos viven más libremente que de costumbre. En la posada donde me alojé no me pidieron pasaporte. No había monopolio gubernamental de la venta de vodka. Parecía haber menos policía.

El bazar sarto estaba lleno de vida y color; carpinteros, herreros y artesanos del metal trabajando en puestos abiertos; comerciantes de kumis de pie detrás de botellas de galón y pequeños vasos, invitándote a sentarte allí y beber un vaso, el blanco de la leche brillando sugerentemente a través del sombrío verde de la botella; vendedores de seda y algodón que exponían sus maravillosas y llamativas mercancías a mujeres con velo que intentaban mirarlas sin descubrir sus rostros, una maniobra difícil; vendedores ambulantes de fresas; vendedores ambulantes de *lepeshka* (pan uzbeko); vendedores de alfombras; vendedores de sillas de montar. Había montones de sillas de madera de colores alegres. Una mujer kirguís, montada a horcajadas en un poni y con un bebé moreno al pecho, se acercó y compró una de esas sillas.

Lo que más me quedó grabado fue una larga hilera de pieles de lobo, de color gris plateado, expuestas en una tienda. Fue casi como si los propios animales me estuvieran mirando. Me recordó cómo debe ser el invierno en esta tierra: no suave, como cabría esperar, sino intensamente frío mientras dura. Los páramos están llenos de peligrosos lobos. Fue por aquí, hace algunos años, donde toda una comitiva nupcial de treinta o cuarenta personas pereció en su camino de la iglesia a la casa de la novia. La distancia era de sólo treinta kilómetros, y en ese tiempo los lobos destrozaron todos los caballos y a toda la gente, excepto a un conductor kirguís, que sacrificando a la última pareja que quedaba, los novios, y arrojándolos a los lobos, escapó para contarlo y no sentir vergüenza. Los kirguises no se avergonzarían de un acto semejante, pues en cierto modo están al margen de los códigos de honor, caballerosidad y religión. No son salvajes, pero tampoco civilizados.

Pasé un día entero en Chimkent. Antes de reanudar la marcha, me compré una botella en la que guardar agua o leche para la sed. En la tienda donde la compré estaba expuesta una extraña variedad de mercancías; primero vino caucásico, luego una combinación de vino y vodka local, llamado aquí vino de mesa-coñac, licores, estampas religiosas, flores para difuntos, cerillas y tabaco. Muy sugerente, pensé. La casera se quedó un poco sorprendida por mis comentarios, y dijo que en un lugar pequeño como Chimkent no se podía tener una tienda separada para estampas, flores o vodka, que su hermano era carpintero, y que ella podía aceptar encargos de ataúdes.

En Chimkent llegué al país colonial, el principal tramo de la colonización rusa que se extiende hacia el este desde Tashkent. Me adentré en un territorio completamente distinto del que había estado atravesando, por una carretera con muchas curvas, a través de campos de cebada de regadío, campos de heno en los que trabajaban los rusos y granjas rusas. Por el momento había perdido de vista a los kirguises y me encontraba en un distrito colonial ruso, una especie de Siberia meridional, llena de interés y promesas. Al anochecer, llegué a un campamento de cincuenta o sesenta emigrantes, con sus carros y caballos. Había muchas hogueras encendidas y cubos de hierro llenos de sopa hirviendo a fuego lento; los samovares humeaban, los niños daban vueltas y jugaban, alguien tocaba la concertina y muchos borrachos cantaban. En el aire sonaban canciones rusas populares, esas viejas canciones que los rusos nunca abandonan y que quizá nunca lo hagan, aunque todos conozcan los últimos éxitos de los auditorios.

Dormí la noche en una loma con vistas a la carretera, y fue mejor que en la posada, aunque cayó un chaparrón. Las alondras volvieron a cantar al amanecer. Escuché el canto del cuco y la conversación de los cuervos azules que no dejaban de visitarme, investigaban los alrededores, volaban y luego volvían con sus hermanos; observé las estrellas y las nubes, y me dormí.

Había llegado a la carretera principal que va de Tashkent a la frontera china, y la perspectiva de mi viaje cambió de un solitario vagabundeo por páramos arenosos a uno lleno de vida e interés, en compañía de colonos rusos y comerciantes orientales. Desde el momento en que me desperté en la ladera de la colina la primera mañana después de salir de Chimkent, no dejé de oír canciones, risas y charlas, ni de ver carros, carretas, caravanas de camellos y gente.

La carretera era en realidad cuatro caminos, cada uno separado por franjas de barro cubierto de hierba pisoteada, ahora seco o secándose después de muchos chubascos con truenos. En el lado sur, acompañan al viajero montañas nevadas durante cientos de kilómetros. Uno pensaría que se podría caminar hasta ellas en media hora y conseguir un puñado de nieve, tan claro es el horizonte que las muestra, pero están al menos a treinta kilómetros de distancia. Son, primero, el Alatau, y luego los montes Alexandrovsky*, y después lo que se conoce como el Trans-Ili Alatau, y muchos de sus picos superan los tres mil metros de altura, pero no tienen nombre y son poco conocidos. Al norte de la carretera se extiende el desierto en primavera, ahora verde hasta el horizonte, aunque comienza a amarillearse aquí y allá bajo el resplandor del sol. A ambos lados se ven lejanos grupos de tiendas grisáceas de los kirguises, y cerca de ellos sus rebaños de ganado: manchas negras que son caballos, manchas rojas que son vacas, masas grises, blancas y marrones que parecen gusanos en la distancia, pero son ovejas. También hay muchos camellos a lo lejos, en las colinas, que se asemejan a pequeñas trenzas de cuerda gruesa con nudos en el centro.

Casi todo el tráfico en esta estación se dirige hacia el este, y cada mañana, cuando los caballos se suben y los carreteros forman la caravana una vez más, es con los ojos y los rostros hacia el amanecer.

La caravana de emigrantes se pone en marcha una hora antes del amanecer; el campamento se levanta, los bueyes y caballos empiezan a avanzar, y comienza el largo día de baches, tropiezos y fatigas. Me despertaba regularmente el ajetreo que se levantaba temprano, las caravanas en movimiento y los carros de los comerciantes.

Generalmente, dormía a una distancia de unos cien metros de la carretera, para evitar ser atropellado por la noche. Aun así, con frecuencia corría algún peligro de ser pisoteado antes del amanecer, y por lo menos estaba seguro de ser des-

---

* Desde 1933 conocidos como *Kyrgyz Ala-Too* o Alatau Kirguís.

pertado temprano por el tráfico de la carretera. En ocasiones había hordas enteras y familias patriarcales en los caminos, con sus camellos, ovejas y caballos, sus mujeres con turbantes blancos montadas en toros y hermosas muchachas, novias en palafreneros con caparazón.

Viajábamos de pueblo en pueblo, y cada uno era un oasis artificial construido por los colonos rusos y los ingenieros de irrigación. Cada diez, quince o veinte kilómetros había una aldea rusa importante; cuanto más lejos iba, más distancia había entre estos asentamientos, pero, aun así, la cadena se mantenía ininterrumpida hasta el extremo oriental de la colonia. Cabe decir que los mapas que tenemos de estos desiertos no son representativos, ya que muestran espacios en blanco con una dispersión de nombres tártaros de distintas poblaciones. Estos mapas deberían estar bien marcados con nombres rusos. Cada aldea es un refugio sombreado, vivo con el agua corriente de los canales de irrigación, donde familias de patos nadan felizmente. Hay largas hileras de espléndidos álamos, casas sólidas, escuelas, tiendas, una iglesia, una oficina de correos, edificios municipales, etcétera. Un tablón de anuncios indica el número de habitantes y la fecha de fundación del pueblo.

Cuando las largas caravanas de nuevos colonos llegaban a un asentamiento, ataban sus caballos y bueyes a los árboles, se dirigían a las posadas, buscaban a la gente que había venido desde la misma parte de Rusia y se divertían con ellos. El pueblo se convertía en un gran espectáculo cuando llegaba una de las largas caravanas.

Un pequeño respiro en el caluroso camino, y de nuevo en marcha. Veo a un kirguís cabalgando con las riendas en una mano y un halcón en la otra. Los kirguises son grandes cetreros y utilizan diferentes halcones para cada tipo de caza. Me encuentro con una carreta sarta en la que viajan cinco soldados que regresan a casa desde Verny, donde han sido licenciados, a varios cientos de kilómetros de una estación de ferrocarril. Por fin llego a un caudaloso arroyo de montaña, donde es bueno darse un baño y prepararse un té a la sombra del gran puente que cruza la carretera. Cuando una gran banda de colonos llega aquí, se produce una escena asombrosa de hombres y mujeres campesinos bañándose. Se meten en el agua como si se estuviesen muriendo de sed.

Pasamos por Mankent, una de las pocas ciudades nativas que quedan, y que tiende a ser engullida también por Rusia. Allí, en una tienda sarracena, me quedé a comprar kumis, muy malo comparado con los que me daban los kirguises en sus tiendas. Al salir de Mankent me encontré con un grupo de emigrantes ricos que se dirigían de Stávropol, en el sur de Rusia, a más allá de Kopal*. Llevaban veinticuatro carretas tiradas por bueyes y doce tiradas por caballos, y en las carretas iban sus enseres domésticos —mesas, sillas, camas y ropa de cama—, aperos de labranza, máquinas segadoras y atadoras, arados, muelas, sierras, hachas, incluso bañeras de metal, barriles, pistolas, ollas y demás, en tal miscelánea y promiscuidad, mezclados con madres y bebés, que resultaba conmovedor verlos.

Los bueyes, en sus yugos de madera, eran bellas bestias, y los emigrantes las cuidaban a pie. Cada carreta iba acompañada de una o dos personas a pie, que quitaban las moscas y animaban a los bueyes, cantaban canciones y se arengaban unos a otros. Todas las carretas llevaban cubos colgados a los lados. En una carreta había varias jaulas con palomas; a otra estaba atado un pobre perro viejo que se acercaba de mala gana. En resumen, todo lo que podían

* Qapal.

traer de la Madre Rusia a la nueva tierra lo habían traído los emigrantes.

Los acompañé a un páramo salvaje, en una gran meseta, donde pasamos la noche después de salir de Mankent.

Mientras vagaba así por el Asia central rusa, el gran acontecimiento que debía cambiarlo todo se ocultaba tras las cortinas del futuro. El dulce e inocente presente era más interesante que el pasado o el futuro mismos. Es conmovedor repasar mi diario y ver con cuánta inocencia y desprevención, yo y todos, caminábamos por el camino del tiempo que tan pronto nos conduciría —si tan sólo hubiésemos podido saberlo— al precipicio de la guerra. El día a día era amistoso, aunque contuviera tormentas, aventuras o privaciones. Estábamos familiarizados con las mañanas y las tardes, como con amigos conocidos y de confianza. Cuando las recordamos, tienen un aspecto siniestro, como si la policía nos condujera por diligencias hacia alguna frontera. Con estos sentimientos recuerdo ahora mi largo viaje a la misteriosa ciudad de Auliye Ata, un famoso santuario en tiempos de Tamerlán. Cada noche dormía bajo las estrellas, cada día avanzaba placenteramente bajo un sol tropical.

Una noche, cerca de la nueva aldea rusa de Antonovka, se produjo un atardecer espantoso, a través de una nube de truenos en forma de barril, en un mar de fuego; y justo cuando el sol se ocultó en el horizonte, los relámpagos se hicieron visibles en la nube, y los vi refulgir a través de los oscuros velos de vapor en forma de cuerdas y lazos voladores de plata. El trueno retumbó lúgubremente, y a lo lejos pude ver la lluvia cayendo a cántaros, la franja negra de la nube rasgada desde el cielo hasta la tierra. Me pregunté si no sería mejor hacer las maletas y bajar al pueblo. Pero una pequeña brizna de cielo despejado, que contenía una pálida estrella, se expandió lentamente y ahuyentó el gran barril impulsado por el rayo y desterró todas las nubes, y quedó despejado, y no hubo truenos, y la noche fue seca y estrellada. El amanecer de la mañana siguiente fue claro y frío, y al oír el ruido de las ruedas de los carros en la carretera que pasaba por debajo de mí, me puse de nuevo en camino con mucho gusto: una marcha rápida para entrar en calor. En una hora, sin embargo, el sol era ya un amigo demasiado ardiente, y me refugié en una cabaña cúbica de barro, dentro de un caravasar, sin silla ni mesa, y del samovar humeante en el suelo preparé mi té de la mañana. Puse un poco de té de un paquete, que llevaba en mi mochila, en mi tetera, y luego llené con agua hirviendo del samovar.

La calle de la aldea estaba llena de vida, atestada de carromatos y carreteros, a medio camino entre la nueva y brillante luz del día y la sombra profunda y húmeda de los muros de barro y los bancos. Me senté frente a la escuela del pueblo. La puerta de la escuela estaba abierta de par en par, y vi a todos los niños del pueblo sentados en pupitres alrededor de la sala construida con barro. Había una treintena de niños, y eran muy bonitos de ver: los chicos con pantalones de algodón color rojo pavo, las chicas con vestidos rojos y el pelo negro recogido en trenzas. Sólo había una fila de pupitres, pero daba una vuelta completa al aula. En el centro había dos profesores en cuclillas sobre una alfombra extendida en el suelo. Todos y cada uno de los niños repetían sus lecciones a voz en grito, y cantando, pero no lo mismo, sino todo diferente, según la página en la que se encontrara el niño o la niña, unos muy atrás, otros muy delante. Todos eran niños sartos.

Después de esto caminé todo el día con una toalla húmeda colgada debajo del sombrero, y tan rápido como se secaba la toalla la volvía a mojar con mi cantimplora. Todos en el camino estaban sedientos y hambrientos, y me dije: «El próximo pueblo se llama Cornucula; ¡esperemos que resulte ser Cornucopia!». Y efectivamente, era un cuerno de la abundancia, y compartí allí un pollo asado y una jarra de leche con un compañero de camino, un pobre jinete viejo que tenía un caballo, pero no tenía dinero, y mendigaba su camino de vuelta a casa, a Auliye Ata.

—¿Cuánto diste por tu caballo? —le pregunté.

—Costó treinta y cinco rublos al principio, con silla, brida y alforjas. No sé lo que vale ahora. Es tranquilo, eso es lo principal, y vive de la hierba.

Este es realmente el país donde los deseos toman forma de caballo, pues se ven mendigos cabalgando por todas partes. ¡Cuántos deseos extraviados en estas montañas!

—¿Dónde has estado? —inquirí.

—Buscando trabajo.

—¿Dónde?

—En el nuevo ferrocarril.

—¿Podrás conseguir uno?

—No; había miles esperando, y sólo contrataron a doscientos, y estos con el salario más bajo a destajo.

—¿Cuánto puede ganar un hombre en un mes si se emplea a fondo? —pregunté.

—Veinte rublos, no más —respondió mi conocido.

Imagínenselo: un trabajo de diez chelines a la semana, un trabajo bestial, en el desierto, bajo el sol de Asia central, algo así como un exceso de veinte a uno de la oferta sobre la demanda de mano de obra, y la gente esperando semanas, meses, por esa oportunidad. Sin duda, en ningún otro lugar, excepto en Rusia, podría observarse un fenómeno semejante.

Allí, como en ninguna otra parte del mundo, hay una tremenda cantidad de mano de obra prescindible.

Una empresa de contratistas recibe un contrato del Gobierno; según su programa, debía pagarse a los trabajadores a una tarifa determinada —una tarifa muy baja— pero, viendo la expectación y la triste situación de la multitud de desempleados que esperan en el punto de partida de la nueva línea, hacen alegremente una buena reducción del salario a su favor.

Después de nuestra comida, el jinete mendigo se marchó con su jamelgo y yo recorrí el pueblo a pie. Entre otros establecimientos de la aldea estaba el de un fotógrafo, y fuera de su casita había un anuncio:

LOS QUE DESEEN HACERSE FOTOS PODRÁN AFEITARSE GRATIS

Entré en el estudio fotográfico y vi muchas fotografías de colonos afeitados, todos muy tiesos y de aspecto serio. Eran sobre todo pioneros y transeúntes, la gente de las caravanas. Es extraño lo infelices que parecen todos en un retrato provinciano. El fotógrafo, sin embargo, tenía un buen negocio.

Me instalé para pasar la noche a la vista de unas montañas preciosas. El cielo se despejó de briznas de nubes y descubrió las estrellas. La luna nueva, nacida seguramente aquel día, no era más que un cabello de plata en el oeste, y se hundió una hora después de la puesta del sol, seguida de una hermosa estrella acompañante. Mientras yacía en el brezal y miraba hacia arriba, se formó la primera constelación, y eran las siete estrellas, delicadas y encantadoras en la penumbra, tan delicadas como el adorno de una doncella. Lluvias de meteoros, medio observados, se deslizaban entre la oscuridad; largos meteoros individuales dejaban, por así decirlo, estelas fosforescentes de luz tras de sí. Las montañas asiáticas se envolvieron en sus mantos, endurecieron sus rostros y durmieron mientras se alejaban en el fondo. Se convirtió en una noche de innumerables estrellas, cada una de ellas una joya engarzada en la oscuridad. El viento nocturno llegó ondeando sobre la hierba, lleno de salud, suavidad y calor. Aunque no estuvo calmo en toda la noche, tampoco hizo frío, y ni una nube tocó el vasto cielo resplandeciente.

La noche siguiente, antes de dormirme, presencié un fenómeno insólito. A lo lejos, en el norte, una extraña cinta negra parecía desprenderse de una nube y revoloteaba en el aire. Pensé en América, sus aparatos publicitarios y en aviones, todo en un segundo, y luego recordé que estaba en Asia central, lejos de los inventos de la civilización. La cinta se acercó y, al pasar sobre mi cabeza, adoptó una formación en forma de cuña. Volaban a través del cielo a una velocidad vertiginosa, a veces entre las nubes, a veces fuera de ellas, sin romper nunca sus filas. Al acercarse a la línea de picos nevados en el sur, desfilaron en una larga y única línea, pareciendo algún tren aéreo, y luego, fácil y rápidamente, pasaron sobre Talas Tau y el Hindú Kush hasta la India, como supuse, a sólo seiscientos kilómetros mientras volaban. La luna esa noche era una media luna perlada, y permaneció un poco más en el cielo. La observé, noche tras noche, hasta que creció del todo, y salió por el este a la hora en que el sol se ponía, para convertirse en la reina del cielo. ¡Qué agradable y sereno permaneció el tiempo nocturno! Durante toda la noche, la brisa onduló y aleteó en mi saco de dormir y canturreó en el cuello de mi cantimplora. A lo lejos, en las colinas, las luces titilaban en las tiendas kirguises, y a la luz de la luna distinguí débilmente masas negras de ganado junto a las cuales los muchachos vigilaban durante la oscuridad, tocando sus flautas de madera y cantándose unos a otros sus canciones nativas.

Hasta Vysokoye, la carretera sigue en manos de los rusos, y abundan sus aldeas. Después de Vysokoye hay sesenta kilómetros de páramo hasta Groznoye, y luego durante ciento cincuenta kilómetros no hay ningún asentamiento ruso, excepto la ciudad de Auliye Ata. El viaje se hizo muy difícil cuando el camino discurría por eriales desiertos y vacíos. El sol caía a plomo, no había un atisbo de sombra en ninguna parte, rara vez había agua o algo para comer. Incluso la hierba estaba desapareciendo, y los kirguises se desplazaban por todas partes, siguiendo la primavera, con sus tiendas, su ganado y sus camellos, alejándose de las llanuras abrasadas hacia las laderas más frescas de las montañas. A menudo montaba mi manta escocesa como tienda de campaña, y me sentaba a la sombra gris pálida de una antigua ruina o una tumba. Los emigrantes que cuidaban de los bueyes en el camino se subían a las carretas cubiertas de lona y dormían, dejando que el lento ganado caminara con la carga extra a través del polvo. Llegó el día de la Ascensión rusa y la carretera estaba completamente vacía, pues nadie viajaba en un día festivo. Durante todo el día sólo me crucé con un hombre, un nativo montado en un camello. Durante mucho tiempo anduvimos a la vista el uno del otro; él dejaba que el camello pastara cuando le apeteciera, pero de vez en cuando le daba una patada, a la que este respondía con un quejido lastimero y un tintineo de la campanilla que llevaba al cuello.

Cabe preguntarse dónde se encuentran ahora Tamerlán y los guerreros, ladrones y seguidores de las hordas. Los orientales que uno se encuentra son gentiles como niños. Nadie necesita llevar un arma. ¿Dónde está el viejo espíritu de lucha? La respuesta podría hallarse, supongo, en los miles de cosacos y rusos que, más tarde ese mismo año, regresaron por estas carreteras para luchar contra los alemanes.

El día antes de llegar a Auliye Ata, con el calor del mediodía, divisé una mancha verde en el páramo, donde encontré un manantial burbujeante de agua clara. «Este es el lugar», pensé, «para hacer mi tan aplazada taza de té», arrojé mi mochila al suelo estéril y miré a mi alrededor en busca de un lugar donde hacer fuego. Había recogido unos cuantos palos a lo largo del camino por si hacía falta, así que tenía la base de una pequeña hoguera. Con qué dificultad mantuve el fuego encendido hasta que hirvió la tetera, corriendo de un lado a otro en busca de briznas de hierba marchita, buscando raíces, una rama, cualquier cosa que pudiera arder, y todo el tiempo ansioso por si en mi ausencia la olla volcaba. Por fin, cuando estaba de pie junto al fuego, comenzaron los primeros signos de ebullición, y yo me alegré.

Entonces, de repente, todo se volvió negro a mi alrededor, perdí el control de mi cuerpo y caí al suelo. Tal era el efecto del sol abrasador sobre mi cuello y mi cabeza. Tal vez fuera algo parecido a una insolación. Sea como fuere, incluso en el momento de la caída volví a levantarme. Porque, para mi desgracia, en el mismo momento de la caída me di cuenta de que la tetera había volcado. El hecho me hizo volver en mí. Apenas toqué el suelo, volví a ponerme en marcha para salvar el agua y el fuego. No tuve suerte; el agua se había derramado, el fuego apagado y la tetera estaba entre las cenizas. No me molesté en recogerla. Me senté junto a la fuente, empapé un pañuelo, me lo puse en la cabeza, saqué la taza y bebí agua, mucha agua.

¡Vaya día! Iba a sentir los efectos de mi insolación. Una gran sed se apoderó de mí, y cuando llegué a Auliye Ata, un toque de fiebre que tuve que combatir.

Auliye Ata, la antigua, la tumba del santo, es una ciudad misteriosa y umbría. Fui consciente de sus árboles en el horizonte, a primera hora de una tarde, cuando el poderoso sol acababa de pasar el cenit y empezaba a golpearme en los hombros. Había hecho la siesta al mediodía en una tienda de campaña que improvisé con mi manta escocesa. Até una esquina a un poste de telégrafo y piedras a las otras esquinas, y de algún modo hice un toldo, y me tumbé en un resplandor de luz difusa sobre la estepa dura, seca y arenosa. Aunque soplaba el viento, hacía un calor abrasador, y tenía la mano derecha hinchada y dolorida, pues sostenía con ella una correa de mi mochila mientras marchaba. Bebí la última gota de agua de mi cantimplora e hice la melancólica reflexión de que Asia central no era tierra para vagabundear. Oí el tintineo de los camellos fuera, pero no tuve ganas de sacar la cabeza para mirarlos. Deseaba tener una tienda de campaña o un paraguas grueso y voluminoso.

Sin embargo, uno no podía quedarse en ese lugar todo el día, así que desaté mi manta del poste telegráfico y de las piedras, empaqué mi mochila y partí de nuevo hacia el deslumbrante resplandor del campo abierto. En aproximadamente media hora divisé una vieja ruina en el desierto, corrí hacia ella y encontré, al pie de la pared blanqueada, una intensa sombra de un metro de largo, en la que apenas era posible sentarse y mantenerse a cubierto. Un escorpión de aspecto malvado parecía tener la misma opinión que yo, pero me dio pereza matarlo y me limité a arrojarlo al sol. Quería un poco de agua, leche o kumis, pero no se veía ni una tienda kirguís por los alrededores. Los kirguises estaban a treinta kilómetros, en los verdes valles de los montes Alexandrovsky, donde había pastos para sus rebaños.

Tras ponerme en marcha de nuevo en la carretera, vi, como en un espejismo, la larga y oscura línea de Auliye Ata en el horizonte oriental. Estaba como a veinte kilómetros de distancia, pero me pareció que estaba bastante cerca. Tan clara es la atmósfera, tan prominentes en el amplio vacío del desierto son los árboles de los asentamientos rusos, que uno se engaña constantemente en cuanto a la distancia del lugar que tiene delante.

Me alegré mucho cuando vi Auliye Ata, y aunque estaba cansado, resolví llegar allí sin más descanso por el camino. Caminé y caminé; mi sombra se alargaba a medida que el sol se ponía en el oeste detrás de mí, aun así, la línea de árboles parecía tan remota como siempre. Varias veces me pregunté: «¿No estoy más cerca?», y me vi obligado a aceptar que no parecía estarlo. Era como caminar hacia el horizonte. «Hay algo mágico en esta ciudad», pensé.

Pasó mucho tiempo antes de que llegara siquiera a los campos de regadío de los colonos, y sólo a última hora del crepúsculo arribé a las primeras calles periféricas de la ciudad, y entré con la procesión de vacas que regresaban de la estepa para ser ordeñadas en los corrales de los colonos. En medio del clamor y el polvo, llegué sano y salvo.

Como no había bebido nada desde el mediodía y no me atrevía a tocar el agua de los canales de riego, estaba todo lo sediento que se puede estar. Decidí parar en el primer caravasar, y allí tomé una tetera grande y cinco o seis pequeñas tazas de té y una botella de kumis. Luego detuve en el siguiente caravasar y tomé una botella de limonada y gaseosa. Cansado como estaba, sin embargo, no busqué alojamiento para la noche, sino que fui primero a la oficina de correos, a unos cuatro kilómetros de la entrada en la ciudad, y obtuve el telegrama que sabía que me estaría esperando desde Rusia. Había dispuesto un pequeño código para que ciertas cosas que quería saber me las dijeran fácilmente por telegrama. Las cartas tardaban semanas en llegar. En consecuencia, fue agradable observar los cables tendidos junto a la calzada mientras caminaba y pensar que un mensaje para mí, tal vez, pasaba volando por delante de mí. Y, efectivamente, mi telegrama estaba esperando en la pequeña oficina de correos.

Después de la oficina de correos encontré un lugar en el que alojarme, una posada rusa llamada Hotel Londres; y así, para justificar su nombre, tomé una habitación en ella y me sentí contento de haber llegado a una ciudad, incluso a Auliye, la antigua.

Auliye Ata es una extraña ciudad escondida tras el follaje de sus largas hileras de árboles. El agua corriente fluye por los canales y, como en Chimkent y Tashkent, las ranas croan a coro. La fundación del asentamiento es mahometana. Antaño fue un gran lugar sagrado para los musulmanes, el santuario de algún antiguo maestro. Pero Rusia se ha impuesto y le ha dado un aspecto diferente. Hay decenas de mezquitas que elevan sus esbeltos minaretes por encima del verdor de los árboles, pero la mayoría de las casas son rusas. Y hay hoteles, cines, restaurantes, teatros, así como granjas, tiendas, *sarais*, viviendas de barro y tiendas de campaña permanentes kirguises.

Hacía tiempo que la oscuridad se había instalado en la ciudad cuando salí en busca de un restaurante. Aquí cada restaurante es un «triste» jardín. Está vallado con bambú; las mesas están colocadas entre parterres y caminos de grava, y hay enrejados de los que cuelgan festones de vegetación, extrañas luces y sombras entre la luz de la luna, la luz de las lámparas y la oscuridad.

Encontré un jardín regentado por un armenio, y cené solo en una mesa bajo un cerezo cargado de frutas, escandalosamente iluminado, aunque sólo parcialmente, por el resplandor de un enorme quinqué. Las polillas entraban zumbando y descendían hacia el mantel blanco, y pesados escarabajos y langostas se aturdían contra la lámpara, y toda clase de alimañas y enanos alados danzaban bajo la luz que parecía colgar como una cortina del árbol.

LA ORQUESTA LOCAL: NÓTESE LOS HOMBRES CON LOS CUERNOS DE TRES METROS, LOS RUSOS LOS LLAMABAN «TROMPETAS DE JERICÓ»

Un camarero me había tomado la comanda y un cocinero, lejos de allí, cocinaba lo que yo había pedido, y me senté a descansar y a considerar el día que al mediodía había estado en llamas en mi improvisada tienda de la estepa y que por la noche estaba aquí, en un iluminado pero sombrío restaurante-jardín de una ciudad.

Me trajeron la cena y, mientras comía mi *shashlik* (trozos de cordero asados en una brocheta sobre carbón), escuché una algarabía inusitada de bandas de música —o de bocinas de fuego, no sabría decir—. Cada diez minutos se producía un silencio impresionante, y entonces estallaba el estruendo de un cuerno, repetido tres veces, que sonaba como la trompeta de la fatalidad, *trum, trum, trum*; luego llegaba el sonido de las gaitas y el palpitar de muchos tambores, los cuernos rompían a intervalos la música menor y levantaban el techo del cielo. Fue un acompañamiento espantoso para mi comida. Nunca había oído nada parecido al sonido de aquel cuerno:

> *Trum-m-m,*
> *Trum-m-m,*
> *Trum-m-m.*

Fue como una sacudida...

> De ese temible cuerno,
> rugió el eco de Fontarabia,
> que al rey Carlos llegó,
> cuando el valiente Roland y Olivier,
> todos paladines e iguales,
> ¡murieron en Roncesvalles!*

Como el cuerno de Roland, soplado en el desierto y oído a trescientas leguas de distancia. Después de cenar, fui a buscar el origen de aquel alboroto. Me dirigí hacia el sonido, y descubrí que procedía de una orquesta nativa situada en el tejado de un circo. Dos altos sargentos sostenían en sus manos cuernos de tres metros de largo. Los elevaban hacia el cielo y los ponían en equilibrio sobre sus labios; los bajaban y hacían sonar su música sobre los tejados de las casas de la ciudad; los presentaban sobre las cabezas de la multitud de curiosos, y hacían que muchos se llevaran los dedos a los oídos y se alejaran: era un ruido aterrador y asombroso. Era maravilloso, sin embargo, el efecto de los tres ángulos en

---

* Versos de sir Walter Scott (1771-1832)

que sonaban los cuernos. El primero pasaba por encima de la ciudad, era una voz de las estrellas, saltaba del oscuro vacío del desierto de un lado al oscuro vacío del otro lado de la ciudad; el segundo, tocado sobre las cabezas de la gente, estaba en la ciudad y a la ciudad, y hacía temblar las casas; el tercero se tocaba, por decirlo así, a los muertos.

Estos cuernos son instrumentos tradicionales de los sartos, aunque se dice que sólo quedan unos pocos hombres vivos que puedan hacerlos sonar. Se necesita una gran fuerza, y la raza no produce hombres tan finos como antes. Los rusos los llaman las «trompetas de Jericó».

Un anuncio asombroso para un circo. El sonido de aquellas bocinas era demasiado para mi temperamento, y me resistí al espectáculo, aunque de otro modo me hubiera gustado entrar. Sin embargo, había llegado a una nueva etapa en mi viaje, y busqué diversión, encontré un teatro y compré una butaca para ver un romance de amor ideal. Había siete personas en el teatro, y al cabo de una hora nos devolvieron el dinero y nos dijeron que la compañía se había ido a ver el circo. Luego fui al cine para ver el tan anunciado «espectáculo» de *Un prisionero del Cáucaso*, pero me informaron de que la «máquina» estaba estropeada, y que la próxima representación sería «el viernes, si Dios quiere». Un cine oscuro donde a la luz de una lámpara de aceite, que parecía extrañamente fuera de lugar, se distinguía una barra de refrescos, una caja, donde debería haber estado una chica vendiendo entradas, cortinas que separaban la sala de espera del teatro y, finalmente, tres o cuatro clientes esperanzados o decepcionados. Pregunté a un ruso presente si no encontraba en el ruido de las bocinas, algo muy horripilante y sugestivo, y me contestó malhumorado:

«Oh, mucho ruido, eso es todo. Muy molesto para los que prefieren no oírlo».

No sentía lo mismo que yo por la música, y su actitud me sorprendió. Los cuernos tenían para mí el sentido de llamar a alguien, a algo, y eran literalmente aterradores.

En un estado de ánimo deprimido, volví al Hotel Londres y encontré a la casera peleándose a uñas con una inquilina. Ambas partes me reclamaron como testigo: la policía estaba al llegar y yo debía testificar. La casera había irrumpido en la habitación de la inquilina y le había dicho que se marchara inmediatamente; esta, una rusa grande, grande e histérica, había respondido con puñetazos, sollozos y gritos.

La casera hizo un relato muy despectivo de la conducta actual e historial previo de la inquilina. La inquilina, con la extraña impresión de que era guapa, trató de congraciarse conmigo, dirigiéndome miradas insolentes y sonrisas cómplices. El portero había llamado a la policía, y todo el tiempo se oían gritos estridentes de «viene la policía», y las bocinas seguían sonando por toda la ciudad, *trum-trum-trum*.

Lamenté que mi habitación no tuviera llave y que la ventana estuviera cerrada desde fuera. La policía vino y ordenó que se permitiera a la mujer quedarse hasta la mañana siguiente, y un silencio se apoderó de la posada, silencio roto sólo por el sonido de las bocinas de la orquesta a un kilómetro de distancia. Todo tipo de fantasías se apoderaron de mi mente y me llevaron a un estado de terror, de modo que temía mis sueños.

Lo que soñé aquella noche tiene probablemente poco que ver con el Asia central rusa, y, sin embargo, nunca pensaré en mi viaje a través de esta tierra salvaje y vacía sin recordarlo a medias involuntariamente. Aunque creyera que los sueños nunca contienen ninguna profecía o presagio, este es uno de los que debería llevar a un intérprete de sueños. Ahora que sé que durante todo este verano se estuvo preparando una gran guerra y que se estaban soltando los perros de la lujuria y el odio, puedo decirme a mí mismo que al menos tuve la advertencia de que el diablo andaba suelto, de que un espíritu maligno se había escapado al mundo.

Tal vez deba contar primero el sueño que me contó mi amigo «G» antes de que me fuera de Vladikavkaz, cuando me advirtió de una gran calamidad mundial inminente. «G» dijo que una noche, después de un arduo día de trabajo enseñando en clase y dando clases particulares a niños en casa, se acostó en su sofá y dormitó. Apenas se había dormido, cuando se le aparecieron tres hombres de aspecto oriental, cara oscura, ojos brillantes, manos morenas, con túnicas blancas sobre los hombros y turbantes blancos en la cabeza, que pronunciaron seis palabras en voz alta y desaparecieron. Aparecieron una segunda vez e hicieron lo mismo. Aparecieron una tercera vez y volvieron a repetir sus palabras, y esta vez uno de ellos cogió una pluma e hizo como si fuera a escribir. Las palabras no eran rusas, ni en realidad de ningún idioma que «G» conociera, pero después de la tercera aparición, se despertó sobresaltado y de inmediato tomó un cuaderno de notas y escribió las palabras. Eran: *Imaktúr nites óides ilvéna varen cevertae*. «G» nunca había sido estudiante de ocultismo, pero esto le hizo reflexionar. Le rogué a «G» que me las escribiera y me dejara ver cómo se veían en blanco y negro.

«Bueno, ¿qué significan?», pregunté.

«Aún no puedo estar seguro», dijo «G». «Sin duda forman parte de una lengua. De eso estoy convencido. He consultado a muchos grandes lingüistas, y aunque no pueden decir qué lengua es o dónde se encuentran sus afinidades lingüísticas, todos están de acuerdo en que tienen la naturaleza de una verdadera lengua. Como he vivido en el Cáucaso, en medio de tantas tribus orientales, he pensado que podría ser inteligible para alguna de ellas. He interrogado a ingusetios, osetios, jevsures, pero ninguno reconoció semejanza alguna con ninguna lengua que hubieran oído en las montañas. He estado en San Petersburgo, Berlín y París para tratar de averiguar el significado de las palabras, y todo ha sido en vano. Los especialistas se mostraron muy comprensivos, pero no pudieron decirme nada.

Sin embargo, desde entonces he estudiado a fondo el lenguaje oculto y he llegado a comprender el significado del sueño. Todo lo que puedo decirle es que se avecina una calamidad mundial, un gran cataclismo o una subversión natural. Podemos esperar grandes terremotos. Alemania ciertamente está en peligro».

El sueño que tuve en Auliye Ata fue verdaderamente mucho peor que este. Yo creía entonces que «G» estaba un poco loco con este sueño suyo, y yo escuchaba incrédulo sus profecías. Tal vez me hube equivocado al considerar frívolas sus palabras y todo lo relativo a lo «oculto».

Dicen que el miedo se encuentra en el umbral del mundo místico, y al incidir en él mi conciencia onírica, experimenté un terror abyecto, un terror que cala hasta el tuétano de los huesos y levanta las raíces de los cabellos con sólo pensarlo.

Me acosté en mi oscura habitación del Hotel Londres, en Auliye Ata, después de que cesara la pelea entre la casera y la inquilina, mientras la orquesta sarta seguía haciendo sonar sus bocinas sobre la ciudad. La cama era un palmo más pequeña que mi cansado cuerpo; las contraventanas de la habitación estaban atrancadas; no tenía lámpara, sino apenas un poco de luz mi propia vela. Después de habe pasado una quincena bajo las estrellas y en la inmensa casa abierta de la tierra y el cielo, esta cámara cerrada me resultaba opresiva y deprimente. Pero yo estaba agotado debido al cansancio de quien ha vagabundeado bajo un sol subtropical desde el amanecer, hasta la puesta del sol, y ha añadido una noche de excitación urbana al cansancio de un largo viaje.

Apenas me había acostado y me dormí. Enseguida empecé a soñar. Me habían invitado a casa de un amigo, y por un momento me encontraba solo en su comedor; no había nada sobre la mesa, excepto la vinagrera. Tenía mucha sed, y me apresuré a beber de una de las botellas, pero cuando mi anfitrión entró en la habitación por el pasillo, yo devolví la botella a su sitio y fingí que no había hecho nada de eso. Esto me despertó. Abrí los ojos y pensé: «¡Qué sueño tan absurdo! Qué horrible es fingir. ¿Por qué no podemos ser como somos? Los modales son, en cierto modo, fingimiento. Todo hombre educado que se acerca a ti para darte la mano, si tan sólo lo supiéramos, ha estado haciendo el momento anterior, algo tan imposible como beberse el contenido de la alcuza. La humanidad es engañosa. El espíritu es la verdad, pero el cuerpo es una máscara. Todo el aspecto de la humanidad es fingir ser lo que no se es».

La idea me impresionó bastante, pero volví a dormirme. Y entonces llegó mi terrible sueño. En las profundidades de mi sueño, una voz gritó de repente las palabras más aterradoras que creo haber oído nunca, y eran: «Un gran canalla se ha escapado de prisión donde habría de estar encerrado para siempre».

En ese momento me levanté de la cama con el sudor en la frente y el miedo más espantoso. Sentí que algún espíritu maligno andaba suelto y buscaba un hogar en un hombre.

Volvió a mí mi pensamiento anterior: todos los espíritus son engañosos, ya sean demonios o ángeles, y todos nosotros, hombres y mujeres, somos ángeles que fingimos ser hombres y mujeres. Pero ahora sabía que algún demonio del cual el mundo había sido misericordiosamente preservado (desde siempre) había escapado en nuestra vida, y tomaría la forma y la apariencia de un hombre en alguna parte. Yo tenía conocimiento del Anticristo. Y ahora que estamos todos en las profundidades de esta guerra, me pregunto a veces: ¿hay un genio del mal en todo esto, acaso ha aparecido el Anticristo? El hecho de que San Jorge y los ángeles luchen de nuestro lado, ¿no sugiere que los poderes del mal están «encarnados» en el otro bando?

Eran las dos de la madrugada; los sargentos habían dejado de tocar las bocinas; reinaba una quietud sin aliento. Desperté al portero del hotel y le pedí que abriera los postigos de mis ventanas. Encendí la vela, cogí papel y pluma y escribí una larga carta a casa. Saqué el icono de Marta y María, aque que obtuve de Vera, y lo puse delante de mí. Lo miré y comencé a escribir sin parar. Conté todos los sucesos del largo día pasado: el vagabundeo, el sol, la lejana visión de Auliye Ata, la extraña ciudad, la orquesta sarta, el restaurante del jardín armenio, el Hotel Londres, la pelea de las dos mujeres, el sueño de la visión. Temía que la vela se apagara antes del amanecer. El alba parecía tardar en llegar. Pero al fin los ruiseñores empezaron a cantar con su distinguido timbre. Un almuédano llamaba a la oración a través de la oscura noche. ¡Qué resonante era su voz! De algún modo acompañaba el canto del ruiseñor.

> Un almuédano desde la torre oscura grita:
> «Tontos, vuestra recompensa no está ni aquí ni allí».

De nuevo almuédanos desde las oscuras mezquitas de la ciudad. De pronto, los gallos entonaron un coro extraordinario y supe que debía de estar a punto de amanecer. A través de los sauces que ocultaban el cielo aparecieron pálidas rentas. Mi vela se hizo pequeña, amarilla y vacilante, pero duró, y escribí una y otra vez, página tras página, hasta que amaneció. Entonces me acosté y dormí una hora, y me había salvado, tal vez, de la fiebre. En cualquier caso, había vivido una pesadilla despierto.

De día, Auliye Ata era quizás menos misteriosa, pero seguía teniendo una sensación de lejanía. Resultaba difícil imaginar a europeos viviendo allí todo el año y que la llamasen «hogar». Es un oasis, es cierto, pero sería más acertado llamarlo pantano subtropical. Está alimentada por un río de montaña, el Talas, que desemboca y se pierde en el desierto. Pero hay agua en abundancia y es posible una gran cantidad de verdor, y, en definitiva, es un asentamiento muy grande.

Auliye Ata tiene su catedral en medio de un agradable jardín sombrío. Tiene su bazar y su hipódromo para una feria de caballos y un mercado de ganado. Aquí había numerosas tiendas de sarracenos donde se vendía pan y empanadas de carne caliente. Decenas de kirguises a caballo o montados en toros corrían entre el ganado y el barro. Los jóvenes probaban los caballos y mostraban sus pasos; otros hacían tratos con ovejas y cabras. Las ovejas en venta iban atadas con nudos largos o cortos, ensartadas por las cabezas, como los rusos ensartan cebollas.

Por regla general, se consideraba que una oveja equivalía a un billete de tres rublos, y muchos de los kirguises habían criado a sus ovejas simplemente como mercancía, y cuando compraban cosas por valor en alguna tienda, tomaban una oveja de su rebaño y se la pasaban al tendero. Así vi por primera vez en mi vida el significado literal de «pecunia», tal como lo entendían los romanos.

Auliye Ata sufre terremotos de vez en cuando, y mi casera me explicó que una mañana estaba lavando el suelo de su establecimiento, agachada sobre el trapo con las piernas separadas, y de repente sintió que las piernas se le separaban más.

Las principales atracciones de la ciudad eran las caravanas de emigrantes que se dirigían hacia el Lejano Oriente. Aquí no había granjas para ellos, ni se les animaba a establecerse. Los rusos son mucho más poderosos que la población nativa, y nunca podrían ser derrocados por un levantamiento o un motín. El Gobierno fomenta la emigración hacia los puntos donde es políticamente más ventajoso, es decir, en las mismas líneas fronterizas. Los trabajos de irrigación y colonización más vigorosos se llevan a cabo en las fronteras de China, Afganistán y Persia. Los colonos tienen un largo camino por delante, incluso después de haber llegado a Auliye Ata. Yo mismo los acompañé.

El tiempo cambió mientras estuve en Auliye Ata; cayeron lluvias torrenciales, traídas por las montañas, y que sólo inundaban sus propias laderas y la comarca en las inmediaciones. El desierto, a treinta kilómetros de distancia, seguía, sin duda, tan reseco como siempre. El río Talas, desbordado a las afueras de la ciudad, presentaba un espectáculo insólito; El río ancho, negro, diverso, tembloroso, las nubes que bajaban, el viento inquieto de las montañas que escupía y prometía lluvia, el vacío y la tristeza del mundo a su alrededor, excepto en el lugar donde debería haber estado el puente, pero que había sido arrastrado recientemente, y allí, una colección cada vez mayor de carros y carretas de paja o lona, y de bueyes, camellos y caballos. En definitiva, todas las caravanas de los emigrantes, esperando, por así decirlo, a un barquero que los llevara a otro mundo.

Al final llegué en un caballo kirguís y casi me empapé durante el trayecto. Al otro lado había un país más desolado. Era más salvaje, más quebrado, quizá un poco más verde, pero había muy pocas granjas. Incluso los kirguises parecían más pobres y sucios. Compré leche en las tiendas kirguises y pan y huevos en las estaciones de correos. En una de ellas me cocinaron un pollo. El calor no era tan agobiante en esta carretera, pues habían aparecido nubes y la lluvia había cubierto el polvo. Tenía la sensación de viajar en dirección contraria a la de las estaciones. En Tashkent había sido como junio, pero aquí parecía principios de mayo. Aun así, la temperatura a la sombra debía de alcanzar los treinta y dos grados centígrados.

Dormí tres noches a la intemperie y caminé tres días antes de salir por fin de la provincia de Sir Daria y entrar en el óblast de Semirechye, la tierra de los Siete Ríos, el más remoto de los dominios del zar, más remoto que el Lejano Oriente, porque no hay comunicación ni por ferrocarril ni por río. A mi derecha se extendía aún la gran cadena de montañas con cumbres nevadas, y a mi izquierda el páramo eterno. Aparecieron más aves en mi camino: perdices, avutardas, agachadizas, águilas, grullas.

Fuera de la carretera, en las primeras elevaciones de las montañas, había una especie de ciervos pequeños, llamados aquí *kosuli* (corzo siberiano). Las marmotas entraban y salían de las madrigueras de arena, y de vez en cuando eran presa de los búhos diurnos. El jerbo, de larga cola y delicadas patas parecidas a las de un pájaro, era un bonito visitante, y entre los insectos destacaba la mantis religiosa verde. La cigarra era una molestia, mientras que varias arañas y escarabajos eran la pesadilla nocturna. Me advirtieron constantemente contra la *falanga* (araña camello) de patas peludas y una araña negra (la *karakurt*), de las que se decía que tenían una picadura mortal, aunque las ovejas podían comerlas sin daño alguno. A lo largo del camino, laboriosos escarabajos peloteros hacían rodar sus casas globulares de excremento.

El viaje lento por aquí carece de rasgos característicos, y me cansé de caminar todo el día, del vacío de la vida y de la monotonía del sol y la carretera como meros compañeros. Cuál fue mi decepción el segundo mediodía, al perder la oportunidad de engancharme a un transporte, que me habría llevado treinta kilómetros más adelante por un rublo. Acababa de levantarme de una siesta bajo mi tienda a cuadros cuando llegó un campesino con un carro lleno de trébol —alimento para su caballo— y regateé con él y conseguí un asiento literalmente «sobre trébol». Avanzamos así durante un kilómetro cuando llegamos a un caravasar construido de barro, y nos detuvimos a tomar el té. Hasta esta posada llegó en ese momento otro carro procedente de la otra dirección. Contenía a toda la familia de su esposa, la gente que mi compañero había salido a ver. Habían tenido el mismo impulso de ir a visitarle. De este modo perdí mi transporte, y apenas pude compartir su alegría por el feliz encuentro familiar.

Sin embargo, en Merke, el segundo asentamiento colonial de la tierra de los Siete Ríos, alquilé una *troika* (carruaje ruso tirado por tres caballos) para ir a Biskek, tres caballos enganchados a un *arba* (carro nativo), cuyo conductor era un kirguís. Este es el medio de transporte habitual de los rusos que viajan por negocios a Asia central. La *troika* sustituye al tren. Aun así, ¡qué impresión!

El cochero kirguís, harapiento y sucio, sentado sobre una cadera en su desnudo asiento de madera, se balanceaba de un lado a otro, con un hombro arriba y otro abajo, azuzando con su látigo a los tres caballos que galopaban, silbando y gritando.

Los caballos saltaban, cuello con cuello, por encima de los baches, de las grietas, de los abismos; cuesta arriba, cuesta abajo, sin aflojar nunca (el *arba* de madera no tiene freno); al llegar con un gran salpicón a un arroyo, el *arba* flotaba en él mientras los caballos se zambullían; de nuevo fuera, por la orilla; ¿qué importan las piedras, incluso los mojones? ¡Qué contraste con la forma en que me arrastraba al caminar!

Íbamos por carreteras que parecían lechos de ríos secos, por caminos poco mejores que senderos de montaña. En varias ocasiones casi salgo disparado del sillón de trébol seco y heno en el que iba sentado. Me arrojé contra los costados, me agarré al manchado abrigo del kirguís y le rodeé por los hombros.

Pero el kirguís sonrió, silbó y volvió a gritar. Los caballos se susurraban secretos apresurados en su rítmica devoración triple del espacio. No nos desplazábamos por kilómetros ni por millas, sino por leguas. En la tierra de los Siete Ríos no hay barcos de vapor, trenes, coches de motor ni aviones, pero la *troika* los combina todos en uno.

A medida que avanzábamos por la carretera llana, las nubes de polvo nos impedían ver todo el país. No dudamos en atravesar mercados y pueblos coloniales atestados de gente. No importa quién se interpusiera en nuestro camino; la *troika* seguía adelante, siempre a punto de chocar cuando nos abalanzábamos sobre otros carros o embestíamos a los jinetes que pasaban.

El camino estaba siempre a la vista de las montañas nevadas y comparativamente pocas veces a la vista de las casas. Era la tierra de los habitantes de las tiendas de campaña, y los páramos estaban salpicados de pirámides y columnas grises, las viviendas temporales de los nómadas. De vez en cuando, toda una familia patriarcal de vagabundos cruzaba la carretera en su viaje desde las llanuras resecas, hasta los pastos más verdes de las colinas. Llevaban sus tiendas y todos sus bienes a lomos de camellos; conducían con ellos cientos de cabezas de ovejas, cabras, vacas y yeguas.

Ellos mismos montaban en camellos, caballos y toros; sus esposas con turbante blanco, a menudo cuatro por cada hombre, cabalgaban a horcajadas sobre los toros, con el rostro descubierto y los bebés en sus pechos desnudos. Las novias, muchachas de trece o catorce años, cabalgaban en extraordinario estado en medio de ellos, sentadas en palafreneros con mantos de color escarlata, ellas mismas vestidas con brillantes algodones y el pelo recogido en muchas y relucientes trenzas negras, cada una de ellas cargada con un contrapeso de plata para evitar que se enredase con las trenzas. También se sentaban a horcajadas y cabalgaban con una gracia maravillosa, como si fueran conscientes de ser el tesoro de toda la caravana. Daba gusto verlas.

Pasamos junto a interminables filas de carros tirados por bueyes o pequeños ponis cansados y atendidos por corpulentos campesinos rusos y sus rollizas, risueñas y sudorosas mujeres. Emigrantes que iban a establecerse en la más joven de las colonias rusas a mil kilómetros o más de una estación de ferrocarril.

Teníamos que desviarnos de la carretera y dar tumbos por el áspero páramo para sortear a cientos de esos vagones de emigrantes. Alcanzamos y rebasamos el equivalente de trenes de mercancías enteros, largas hileras de camiones, carretas y camellos, repletos de mercancías que debían entregarse a lo largo de todo el camino, desde el sur de Siberia, por una parte, y desde Oremburgo y Tashkent, por otra, hasta los límites de las montañas del Himalaya. Pasamos, o, como suele suceder, nos enredamos entre una larga fila de camellos, cada uno con una montaña de crin o lana sobre su lomo, unas veinte parejas de camellos sucios en una compañía, cada compañía dirigida por un chino mahometano sobre un asno, un dungano.

Pasamos junto a las tumbas de los kirguises, con paredes y cúpulas de barro, de aspecto de as de picas; pasamos junto a las ruinas de antiguas torres, caravasares maltrechos. Escapamos del desierto hacia una especie de oasis artificial construido por irrigación: la aldea rusa o *stanitsa* cosaca. Entonces cambiamos de caballo.

Al anochecer alcancé a una señora que se dirigía al pueblo donde vivía su amado. Tenía prisa y no admitía demora. Sólo había caballos para uno, así que le ofrecí un lugar en mi *arba*. Iba acompañada de muchas cajas y bolsas, y quería seguir toda la noche, a cualquier precio...

El crepúsculo se convirtió en oscuridad, la luna salió clara y grande, frente al sol poniente. Las nubes se iluminaban con una suave luz y un tenue colorido. La *troika* seguía hacia delante. Me tumbé de cuerpo entero en el *arba*, con la cabeza apoyada en una almohada que me había prestado mi compañera, y miré al cielo. La noche era suave y conmovedora. El kirguís se perfilaba sobre nosotros; la luna llena brillaba ahora sobre nuestras cabezas. En un momento, su vista quedó cortada por la línea negra del techo del carro, pero incluso entonces el cielo era más hermoso por una presencia oculta. Nos sentamos y contemplamos el paisaje nocturno.

La luna iluminaba con sus destellos las hileras de álamos, los ondulantes maizales, los arroyos plateados, los tejados de paja de las cabañas y las chozas de barro. El ruiseñor cantaba durante la corta noche, los búhos ululaban, los perros se abalanzaban sobre nosotros como si hubieran salido disparados desde los corrales, pero el lacónico conductor los golpeaba con su largo látigo cuando se acercaban a las patas de los caballos, y caían cada uno en la retaguardia para escabullirse de vuelta a los oscuros corrales de donde procedían.

Dejamos atrás pueblos populosos y nos adentramos en los páramos. La noche ocultaba las amapolas escarlatas, pero el aire contenía sus olores. La luna ya no estaba sobre el montículo negro del horizonte, sino que había subido sobre el cenit. Los gallos cantaban, mi compañero dormía, las campanas de la *troika* tintineaban sin cesar.

Sin embargo, tuvimos que cambiar de caballo. En el tiempo de espera nos sirvieron un samovar y Zenaida, que así se llamaba la chica, se convirtió en una charlatana entusiasmada. Sólo faltaban ochenta kilómetros para llegar a su meta y a su amor. Me contó cómo lo conoció, qué tipo de vida llevarían cuando se casaran y el nombre de su primer hijo, si es que lo llegasen a tener.

Dos vasos de té hirviendo y de nuevo regresamos al *arba*, con caballos frescos y un nuevo cochero kirguís despierto para llevarnos. Las cajas de Zenaida estaban bien atadas, las suyas estaban mejor guardadas, ella había colocado edredones y almohadas más cómodos, nos tumbamos y nos quedamos dormidos.

Cuando a continuación cambiamos caballos, comenzaron a palidecer las estrellas. Era el último cambio. Treinta kilómetros más y nuestro carro alado volaría hasta el patio de la casa de correos del pueblo. Estaba agarrotado. Zenaida, sin embargo, se sentía fresca y ágil como un ciervo joven. Un joven de rostro pálido la esperaba en la escalinata de la casa de correos, ella saltó hacia él en un santiamén, y él la estrechó en sus brazos para besarla.

Pasamos por Bielovodsk y Novy Troitsky, esta última era una extensa estación cosaca, donde todos los hombres del pueblo mostraban rayas rojas en los pantalones, y donde incluso los niños pequeños que montaban a caballo desde la estepa llevanban calzones con rayas rojas recortados de los de su padre. Los cosacos son soldados en primer lugar, y campesinos en segundo o tercer lugar. Mientras cultivan la tierra, se entiende que están «de permiso», y cuando estalla la guerra, se ponen inmediatamente al servicio directo del zar en el campo de batalla.

Novy Troitsky había sido un campamento cosaco en los días de la conquista de Asia central, y cuando se consumó la pacificación, se invitó a los cosacos a que enviaran a sus novias, esposas, madres, familias, y se establecieran en la tierra elegida para ellos por el Gobierno. Había muchos asentamientos de este tipo; se llamaban *stanitsa*, o estaciones, mientras que los otros asentamientos se llamaban *derevnyi*, o aldeas.

En conjunto, la tierra de los Siete Ríos parecía más fructífera que Sir Daria del Norte. Los asentamientos eran muy grandes; había muchos pueblos enormes con escuelas, iglesias, grandes almacenes y varios miles de habitantes. Biskek, sin embargo, no era tan grande como Auliye Ata.

Las ciudades de esta colonia no estaban conectadas con Europa occidental ni por ferrocarril ni por vía fluvial, y existía un provincialismo sin parangón en el resto del país. La gente estaba muy alejada de sí misma y, en consecuencia, había desarrollado un patriotismo local característico. Los pioneros centroasiáticos hablaban mucho de su propio país y estaban orgullosos de todo lo que les diferenciaba de Rusia y del resto del mundo. Estban orgullosos de sus vastas llanuras, sus montañas, sus bestias y aves salvajes, sus tigres, jabalíes, uros, cabras salvajes, sus halcones, flamencos, perdices; orgullosos de los kirguises, de las tortugas, de los camellos... en definitiva, de cualquier cosa que pareciera marcar el país como original. Todos sus habitantes eran cazadores. El ingeniero, el topógrafo, el hidrotécnico, el agrimensor, el cosaco, el campesino colono, todos portaban un arma. Los ganchos de las toallas y las perchas de los sombreros de sus casas eran cuernos y astas de cabra. Los colonos contaban historias de caza. Todos los viajes se hacían a caballo o en caballos de posta, y la gente iba siempre de un lado para otro. Incluso los colonos se trasladaban de un asentamiento a otro por acuerdo con las autoridades de colonización.

Conocí a mucha gente en mi viaje: dos *jodoki*, mensajeros a pie de un pueblo del gobierno de Kursk, enviados por los aldeanos para hacer un reconocimiento de la tierra y elegir una parcela para la colonización, pero que ahora se apresuraban a regresar para estar en casa el día de San Pedro y la recogida de la cebada. La tierra escaseaba entre ellos; toda estaba en manos de los terratenientes. La población aumentaba —siempre nacían muchos niños—, pero la tierra libre no. Sin embargo, los dos *jodoki* no habían encontrado lo que buscaban en Semirechye, y regresaban a Kursk con un relato de desilusión. «Nos aseguraron que esto era el paraíso, y que se recogían cosechas justo después de echar la semilla. Pero parece que aquí hay tanto trabajo como en Kursk», decían.

Conocí a un comerciante, un «viajero errante, representante de cierta firma», como se hacía llamar. Viajaba en caballo de posta y llevaba un gran baúl de muestras de viaje, atado sobre su *britchka* (tipo de carruaje ruso con capota plegable). Llevaba algodones moscovitas en brillantes surtidos de colores y dibujos, y cuando llegaba a una ciudad donde había diez algodoneras, entraba rápidamente en cada una de ellas y depositaba un juego completo de sus muestras, y las dejaba con los tenderos durante una hora más o menos, mientras cenaba, se afeitaba y se bañaba. De este modo se encontraba conmigo, descansando mientras los tenderos y sus amigos discutían sus mercancías. Los viajantes de comercio de té, azúcar, algodón, porcelana, artículos de hierro y otros productos secos eran muy frecuentes en la carretera, pero en su mayoría eran tártaros o armenios.

También conocí a un muchacho que volvía de la Universidad de Kiev a su casa en Verny, y tenía una prisa tremenda por volver con su madre y la chica que había dejado atrás hacía un año. Estaba «en contra del Gobierno», y se imaginaba que Inglaterra aventajaba a Rusia en todos los aspectos, y se preguntaba qué no habrían hecho los ingleses con Asia central si hubiera sido suya.

—Piense en la riqueza de estas montañas —dijo—, no tenemos ni una sola mina en este vasto territorio, dos veces mayor que Alemania. Sólo tenemos una fábrica: una fábrica de limonada.

—Su destino parece ser la agricultura —repliqué.

—¿Cómo es la vida estudiantil en Kiev? ¿Se reúnen mucho? ¿Hay debates, discusiones literarias? ¿Qué se respira? —pregunté.

No podía decirme si había algo en el aire. La vida allí era más aburrida que antes. Los estudiantes eran más reservados, pero tenían un club en Semirechye. Todos los estudiantes de Siete Ríos vivían juntos, y tenían veladas musicales y bailes. Era agradable; estos individuos eran grandes patriotas a su manera.

En Biskek tuve un encuentro encantador con un topógrafo del Gobierno, Nazimov, un hombre de treinta años, gentil de nacimiento, elegante, agraciado y chapado a la antigua. Lo conocí en una posada. Me había alojado en su habitación una casera avara que no quería confesar que estaba llena y no podía recibir más visitas. Tras una especie de «escándalo» provocado por el topógrafo, se acordó que yo compartiera su habitación. Todos los rincones estaban ocupados por su equipo profesional: largas maletas de hierro con candados, cofres con instrumentos, varillas de tienda de campaña, sillas de alfombra, rollos de lona, cajas de libros, papeles y ropa.

«Disculpe el desorden», dijo él. «Me lo llevaré todo a las montañas en cuanto tenga noticias de que la nieve se ha derretido un poco».

Me explicó que estaba al servicio del Gobierno, trazando mapas. Iba a vivir todo el verano entre los puertos de montaña y a bañarse literalmente en la nieve. Montaría sus tiendas con la ayuda de los kirguises, cazaría, estudiaría y cartografiaría solo, sin ningún otro compañero europeo con el que compartir camaradería.

Pasamos dos días juntos en Biskek y hablamos de muchas cosas. Su hermano había sido enviado ese año a Jerusalén por la Sociedad Ortodoxa Palestina para investigar las condiciones en que viajaban los campesinos y la explotación de los peregrinos ancianos por la compañía de vapores y los monjes griegos. Trajo de vuelta una historia de dolor y felicidad como la que yo mismo conté después de mi peregrinaje. Se va a hacer mucho para mejorar las condiciones del viaje de los peregrinos, e incluso hay una propuesta para que el Gobierno lleve a los peregrinos en sus propios barcos. Me pregunté si valía la pena interferir, y conté mis propias experiencias en ese viaje y di mi impresión.

Mi nuevo amigo me dijo cuánto deseaba alejarse de la tierra de los Siete Ríos y ver mundo. Una vez, de niño, a bordo de un buque escuela ruso, había desembarcado en Newcastle y había visto algo de Inglaterra, incluso había dormido en una pensión de marineros. Le gustaría marcharse a Inglaterra, ir a vivir allí y comprender el país y la nación, ver América y también Australia. Le gustaba estar en las montañas, trabajar solo al aire libre, hablar con kirguises que encontraba por casualidad, cazar cabras salvajes y perdices. Pero al final del verano se aburría muchísimo. Bajaba de las montañas, corría a Verny, completaba sus mapas y salía corriendo hacia San Petersburgo. Estaba sediento de compañía humana durante todo el verano.

Siempre vestía de blanco y llevaba un fez sobre la cabeza rapada. Se sentaba conmigo durante horas en una *palatka* de bambú en el único restaurante con jardín de Biskek, y hablábamos de kumis, de pollo asado, de té, de vino. También por la noche, tumbado él en un somier destartalado, y yo, en un polvoriento diván, parloteaba sobre su mujer y sus hijos, aseguró que se sentía triste por dejarlos atrás. Me confió sobre el niño que llevaba dentro y que le hacía buscar siempre la soledad y las aventuras, por mucho que su corazón le pidiera que se quedara en casa.

—No cambiaría mi suerte, aun así, es un error casarse a los veinte años, como hice yo. Hay tantas separaciones y es un gran dolor. Un hombre joven tiene cosas que hacer en el mundo, y está obligado a dejar a su mujer y a su familia en un segundo plano; sus lazos son sus penas. La mayoría de los matrimonios felices son de hombres de mediana edad, cuando han hecho un poco de fortuna y pueden tomarse las cosas con más calma. Cuando un hombre corpulento y viejo se casa con una chica joven, además, suele haber una familia feliz y sana.

—¿Pero no querrás decir que los viejos son mejores padres que los jóvenes? —insistí.

—Sí, tienen menos intereses en el mundo. No se les pide que vayan a cartografiar los valles y las cumbres de las montañas Tian Shan. Saben que no les llamarán para luchar por su país. Saben que tienen dinero suficiente para educar a sus hijos y mantener un buen hogar. No son tan inquietos, ni tan irritables como los jóvenes, sino de buen carácter, fáciles de llevar, y una chica guapa puede hacer que uno haga lo que desee.

Supuse que habría discutido un poco con su mujer justo antes de marcharse y que estaría deseando volver a casa para arreglar las cosas.

Biskek, aunque a seiscientos kilómetros de la estación de ferrocarril más cercana, es una ciudad prometedora. El clima parecía caluroso y seco, aunque, por supuesto, es fácil dejarse engañar por las condiciones meteorológicas. Hay calles largas y blancas, con hileras de álamos a cada lado, un gran mercado, una calle principal de tiendas y almacenes coloniales, muchos lugares donde se vende *kvas* (bebida alcohólica eslava) y agua gaseosa, además de restaurantes con jardín. No existe la atmósfera de misterio que tiene Auliye Ata.

Es más colonial y menos oriental, aunque, por supuesto, están los inevitables vendedores ambulantes orientales y el bazar nativo. Biskek cuenta con una ambulancia para camellos, un trineo de madera de forma tosca con ejes enormemente largos, al que se yunta un camello bactriano. Biskek también tiene sus leprosos y, como en todas estas ciudades orientales, abundan las enfermedades de la piel, aunque principalmente entre los nativos.

Los colonos parecían bastante acomodados, aunque había pocas pruebas de cultura, pocos libros, ningún piano; el cine, es cierto, pero eso es más bien un signo de pobreza. Pero los rusos parecían prosperar y todo el mundo parecía tener caballos y ganado en abundancia. En este país, donde los deseos son los caballos, hasta el vendedor ambulante de cordones de botas en el bazar tiene su jamelgo atado a un álamo cercano.

Los kirguises que iban de las llanuras resecas a las montañas me hicieron comprender el cambio de estación. El camino que salía de Biskek conducía a un país desolado, y yo estaba preocupado por el calor y la dificultad de conseguir comida y bebida. Salí de Biskek con un kilo y medio de pan, pero desapareció rápidamente. Las hormigas se metieron en el pan por la noche y lo acribillaron de tal manera que no podía romper un fragmento sin que apareciera una hormiga en él. Llevaba dos botellas de agua conmigo y las llenaba de leche o agua cuando podía. Ni la leche ni el agua parecían muy buenas para beber.

Lo mejor de aquí es el agua con gas, de albaricoque o piña; quita la sed y es un buen correctivo para el estómago. Cuando se me acabó el pan europeo, tuve que comer *lepeshka*, que no puedo recomendar. Parece una dieta posible cuando uno tiene hambre, y si tienes vino para regarlo, sientes que estás disfrutando de una hermosa comida. Una tarde, sin embargo, lo pasé muy mal durante un cuarto de hora, después de tomar *lepeshka*. Un trozo se me atascó en el gaznate y no bajaba ni subía.

Un nativo melancólico se para con una bandeja de *lepeshkas* en el camino, y le puedes comprar tres por cinco kopeks, tres panecillos por cinco fártings. Por muy duros que estén, se pueden remojar y ablandar en té. Pero a menudo me he preguntado por qué tienen ese aspecto de cemento. En el camino he sentido a menudo que mi dieta era inadecuada, pero nunca he tenido tanta indigestión como con una dieta de leche de yegua y *lepeshka*. Se dice que la leche de yegua es lo mejor del mundo para el estómago. El kumis limpia, fortifica y refresca todo; es la madre del interior. Pero no ayuda a digerir la *lepeshka*. Me dijeron que era difícil distinguir entre el champán y la leche de yegua.

—Pero, para empezar, uno es blanco —dije yo.

—No es el color, es la calidad.

—Es mejor cuando es espeso.

—No se trata de que sea grueso o fino, sino en el sabor efervescente, la exuberancia y felicidad que sientes después.

—Bueno, no tengo nada que decir en contra del kumis.

Llevaba un diario de cómo y en qué me gastaba el dinero en los viajes. El mío era un presupuesto pobre.

Las mayores decepciones de este viaje fueron la falta de combustible y la gran dificultad para encender un fuego. Tardamos unas dos horas en reunir suficiente paja, hierba marchita y astillas de madera para hacer fuego. Y los bloques secos de estiércol de camello no ardían. A medida que avanzaba, me impuse la regla de oro de recoger y poner en mi mochila todo trozo de material combustible que encontraba en el camino; aun así, a menudo tenía que comprar agua caliente en algún caravasar polvoriento y destartalado, o en una posada rusa, o algún pañero tártaro.

Noche en una posada, casa de postas o bajo las resplandecientes estrellas asiáticas. Día caluroso de trabajo por páramos vacíos y desiertos semivacíos, estancia en sombrías aldeas rusas, subiendo a los patios de las granjas con mi olla en la mano pidiendo leche, bebiendo alrededor de medio litro de leche y llenando mis dos botellas para tener algo mejor que el agua con que calmar la sed cuando volviera a la carretera; hablando con los granjeros; cabalgando detrás del temerario kirguís y sus tres caballos; ¡y luego otra vez la noche con sus problemas y encantos!

Diecisiete kilómetros más allá de Biskek está Konstantinovka, y setenta y un kilómetros después de esta, Korday. Los asentamientos rusos son más bien escasos hasta llegar a Kazanskaya Bogoroditsa y Linbovinskaya, que se encuentran en el distrito urbano de Verny, la capital de la colonia. Hay una enorme cantidad de espacio para los seres humanos aquí.

En un futuro próximo, cuando llegue el ferrocarril, se pondrán estaciones cada cuarenta kilómetros, más o menos, y se podrá ir desde la Rusia europea, todo el camino, hasta Gulja, en China.

Después de la aldea cosaca de Linbovinskaya, con sus tiendas y bazar, viene la aproximación a Verny, y la ancha carretera está desgastada con muchos surcos profundos en la tierra. A lo largo de ella se ven muchas caravanas y carros de agricultor con grupos de rusos, y por primera vez desde la salida de Tashkent se percibía la vida de una gran ciudad de provincias. No obstante, Verny no era más que una Biskek más grande. En el camino hacia Verny todas las carretas van hacia el este, pero en la carretera de Kopal se encuentran dos comitivas; los colonos que vienen de Tashkent se encuentran con los que vienen de Omsk y Semipalátinsk.

Me llamó la atención que los que venían del Norte eran gente más pobre, dura y hastiada que los que me habían acompañado desde el Oeste. Tal vez fuera porque el viaje desde Siberia era más duro y había menos que comer por el camino, o porque la gente que venía por la carretera del norte procedía de provincias de Rusia donde el nivel de vida y la media de salud eran más bajos.

RUSOS Y KIRGUISES VIVEN JUNTOS AL PIE DE LAS MONTAÑAS

LA TIENDA DE NÓMADAS SOLITARIOS EN MEDIO DE LOS PASTOS VERANIEGOS DE ASIA CENTRAL

Ruinas de torres antiguas

Un anciano kirguís sedentario, originario de Biskek

IX

Compañeros de viaje

No es necesario decir mucho sobre Verny, la capital de la tierra de los Siete Ríos. Está tan sujeta a terremotos que es difícil ver en ella una capital permanente. No se pueden construir casas de dos plantas con seguridad, por lo que es más adecuada como centro militar y fortaleza en vez de gran ciudad. Para darle un aspecto imponente, las tiendas y almacenes se han arreglado con falsas plantas superiores; es decir, tienen escaparates arriba, pero no habitaciones detrás de las fachadas. Las tiendas Singer y el cine están aquí, aunque un enorme número de estos comercios han sido cerrados obligatoriamente en todo el Imperio ruso durante la guerra.

Verny tiene su bazar, posadas, casas de dudosa reputación, baños, salones de baile, clubes y restaurantes. A pesar de estar tan lejos de una estación de ferrocarril y a tan enorme distancia del malvado Oeste, muestra algo frivolidad y pecado. No tiene tranvías. No tiene teatros de renombre. Se puede decir, sin embargo, que tiene su equivalente al Teatro Real de Ópera de Londres. Verny es un gran mercado de frutas y verduras. Su nombre nativo significa la ciudad de las manzanas, y es famosa por dichas frutas. Todos los viajeros procedentes de China reciben manzanas de Verny cuando pasan por aquí. Por la ciudad circulan carros repletos de rábanos rojos gigantes, y los vendedores ambulantes de fresas dan muchos gritos. Muchos caballos van adornados con ropas elegantes, y he visto burros con pantalones.

Las mujeres cabalgan a horcajadas, y evidentemente están acostumbradas a montar a caballo, se inclinan hacia delante sobre el caballo cuando este se pone al galope, subiendo tranquilamente por la calle principal al paso, erguidas como soldaditos gruesos. También se ven mujeres kirguises montadas a horcajadas en toros, y vi a una que llevaba dos bebés gemelos y, aún a lomos del toro, sostenía con destreza la cuerda de la anilla en la nariz del animal y lo guiaba hacia donde debía ir.

Verny tiene su periódico. Existe alguna esperanza de cultura, y en el instituto se matriculan cada año dos docenas de estudiantes que van a las universidades de Kiev, Moscú, etcétera. Los habitantes de Verny son gruñones en casa, pero cuando llegan a Rusia desarrollan un gran patriotismo local y suspiran incluso por un poco del pan rancio de Verny. En las universidades, los estudiantes de la tierra de los Siete Ríos se mantienen unidos y se conocen a sí mismos como un grupo con ciertos puntos de vista y opiniones propias. Después de sus estudios, regresan a su tierra natal y traen noticias de Rusia. Hablé con algunos estudiantes, y me pareció que no eran muy diferentes de nuestros propios estudiantes coloniales en su perspectiva y su actitud hacia el imperio. Ayudan, pero, por supuesto, un lugar tan lejano como este necesita mucha ayuda en materia de cultura. Traen libros e instrumentos musicales. Cuando salí por la noche, paseando por la ciudad iluminada por la luna, escuché la melodía de los pianos, y fue interesante reflexionar que cada instrumento, además de venir de miles de kilómetros en tren, también había recorrido quinientos kilómetros en un vagón por estas carreteras de Asia central.

La vida aquí tiene un aire americano. Cuando preguntas por el camino, te indican las manzanas, no las curvas, y se puede estar seguro de que la ciudad está planificada, pues sus calles se encuentran en ángulo recto. Sólo la naturaleza, con sus terremotos, ha hecho que se tambalee, que haya que saltar abismos y que sea peligroso caminar por las afueras de noche.

Hay mucha publicidad de productos y personas, y muchas ganas de prosperar y enriquecerse. «Hacerse rico aumenta su autoestima», o «compre té indio y hágase rico», son eslóganes que veo una y otra vez. Para mí, está bastante claro que comprar té indio realmente empobrece, porque es totalmente inferior al té ruso. No obstante, esta gente no tiene nuestra experiencia, no conocen la historia del consumo de té en Inglaterra. Cómo una vez también tuvimos buen té, pero que, en la pasión nacional por lo barato y «enriquecerse», hemos llegado a beber popularmente esa vil cosa espesa que ahora llamamos té.

Verny tiene sus burgueses ricos —ricos para para el nivel de Verny se entiende—, hombres con un capital de diez o veinte mil libras. Entre ellos se encuentra, o se encontraba (porque tal vez haya sido internado o expulsado), un fabricante de salchichas alemán, que comenzó su carrera en el mercado con cinco libras de salchichas en un plato, y ahora es un respetado comerciante con tiendas, sucursales y una gran reputación en toda Asia central.

El periódico local había hecho una especie de registro de las películas de cine que se proyectaban en las cinco ciudades de los Siete Ríos. Lo que parecía dar justa cuenta de su fuerza civilizadora. Visité tres o cuatro cines en diversos lugares remotos, y quedé asombrado ante los horrores franceses e italianos, las diversiones burguesas alemanas y escandinavas, las espantosas tragedias de la trata de blancas, y la cantidad de noveluchas del tres al cuarto proyectadas. Cuando uno ve las multitudes de rusos en estas representaciones, se da cuenta de que el género de las noveluchas no está en absoluto agotado, que mucha gente no las leía antiguamente, simplemente porque no sabían lo que había entre las tapas de esos libros mal impresos, una basura tan cautivadora. El negocio ha cambiado de manos comercialmente, pero lo que se vende es lo mismo. Se vende en una forma más aceptable, eso es todo.

La catedral de Santa Sofía en Verny, después del terremoto de 1887

Es asombroso ver a los asiáticos ir al cine: el sarto con turbante; el nuevo chino, con la coleta recortada; el kirguís, con aspecto de bebé. ¿Qué pensarán de los romances americanos, del Salvaje Oeste y de los personajes de cómic? Parecen absortos, sonríen sin importancia, miran fijamente, salen, pero siempre vuelven. El cine es una extraña ventana a Europa y Occidente.

La ruta de Verny a Iliysk*, en el río Ili, parecía más desierta que el camino a Verny. Evidentemente, muchos grupos de colonos giran hacia el sur en Verny, y no tantos hacia el noreste, en dirección a Iliysk. Es un territorio baldío, cubierto de hierbas y cardos. De vez en cuando uno se topa con riachuelos de montaña, salvados en la calzada con puentes de paja y barro mucho más altos que el nivel de la carretera, de modo que cada puente parece una especie de joroba. Detrás de mí, inmensas montañas escarpadas se elevaban hacia las nubes. El camino que yo recorría era una meseta que descendía lentamente.

Pasé por la pequeña aldea de Karasbi, y luego por los asentamientos más importantes de Jarasai y Nikolaevski. Son aldeas extendidas y debilitadas. Las casas más antiguas eran las más grandes y las más arboladas, tenían abundantes dependencias y edificios de labranza; pero las más nuevas estaban expuestas y eran miserables, con brotes de álamo delante de ellas de apenas un metro de altura.

Había algunas casuchas abandonadas. Me atrevería a decir que una buena casa comenzaba siendo un cuchitril al principio, una choza temporal de barro levantada para dar cobijo mientras se hacían los primeros trabajos en los campos. Vi muchas casas a medio construir, mostrando su armazón de ramas de sauce y álamo aún verdes. Vi familias enteras y aldeas trabajando en nuevos asentamientos, y también familias viviendo en tiendas de campaña. Sobre los cimientos de las nuevas viviendas, o adosadas al tosco armazón, había pequeñas cruces, que sólo se quitaban cuando había sitio en la casa para los iconos religiosos traídos de sus antiguos hogares en Rusia.

---

* Konaev (ruso) o Kapshagay (kazajo).

Al preguntarles a algunos colonos cuándo habían llegado, respondían: «La semana pasada»; otros, «en estos días». El polvo de sus aposentos era nuevo. Todos tenían un aire de Robinson Crusoe, que tras haber naufragado en una isla, comenzaron a realizar descubrimientos y asentarse en su nueva ubicación. Algunos grupos, sin embargo, ya estaban ocupados sembrando sus nuevos campos, y comprendí que eso era lo primero que había que hacer; eso era el trabajo, y la construcción de las nuevas cabañas era secundario. No tenían nada que temer por dormir a la intemperie todas las noches del verano y principios del otoño. Algo extraño en estos rusos, que en sus casas de campo o en los vagones de ferrocarril temen el aire fresco como si trajera la peste.

Pasé dos noches maravillosas bajo las estrellas en el camino a Iliysk, la primera en una especie de cuna natural en un bosquecillo, la segunda en un vivac que preparé sobre la arena desnuda del desierto. Salí de la nueva tierra hacia los baldíos del valle de Ili; la carretera era visible treinta kilómetros más adelante, y en ella frente a mí hay postes de telégrafo ilimitados, al principio con espacios entre ellos, pero a lo lejos espesos, como cerillas negras pegadas unas a otras en la arena. Caminé mucho por las tardes, y recuerdo especialmente una ocasión, al ponerse el sol, una avutarda enorme y tonta que tenía la impresión de que yo la perseguía. Volaba hacia delante, cubriendo el espacio de cinco postes de telégrafo. Yo caminaba el espacio de tres; luego ella volaba tres, yo la alcanzaba, y seguía volando por delante a lo largo de la pista como si no se atreviera a abandonar los postes. Finalmente, justo con los últimos rayos del atardecer, voló transversalmente sobre el desierto y desapareció.

En aquellos momentos me ponía bastante nervioso la *karakurt*, la araña negra que las ovejas comen con placer, pero cuya picadura es mortal para los hombres; y todas las noches, cuando preparaba mi sofá al aire libre, me esforzaba por apartarme del camino de moscas, escarabajos, arañas y serpientes. Nunca me molestó la *karakurt*, pero pasé un rato animado con los escarabajos y las moscas que surgían con regularidad, por no hablar de las serpientes, cuyas repentinas apariciones me causaban horrores momentáneos muchas veces. El valle del Ili es un lugar salvaje, con tigres y panteras; una comarca espléndida para el estudio y la caza, diría yo. No obstante, ninguna bestia vendría a aterrorizarme por la noche.

Todas las noches, en la carretera, aprendí a esperar la luna cada vez más tarde. Siempre parecía impuntual, se retrasaba, pero sin preocuparse, y tenía esa belleza irreprochable que excusa cualquier defecto. Apareció tarde sobre el desierto del Ili, con una maravillosa luz anaranjada, y luego, emergiendo en perfecto resplandor, hizo palidecer a la miríada de estrellas en el cielo:

> Despojándose de su viso dorado así
> emerge, blanca y exquisita.*

Yo yacía mirando hacia el este sobre la arena, y a mi derecha, en la vaga sombra nocturna, se extendían las tremendas pirámides de las montañas Ala Tau, los grandes triángulos acantilados al sur de Verny, mi primera visión del poderoso sistema montañoso de Tian Shan. Las nubes se habían disipado durante la noche, y por la mañana vi el macizo en su verdadera perspectiva, vagas cumbres rocosas y escarpadas, como humo, con sombras y de un blanco grisáceo, bañadas por el sol, con muchas puntas, que se extendían por más de cien kilómetros, de este a oeste.

* Versos de D. H. Lawrence (1885-1930)

Recorrí quince kilómetros hasta Iliysk, donde tomaría el desayuno. Como el agua de los pequeños lagos era salada y mis botellas estaban vacías, no pude preparar té. Los lagos y charcas recuerdan a uno que se está entre los lagos Issyk-Kul y Baljash. Es, sin embargo, un territorio desértico hasta que se llega a los matorrales del río; donde se escucha al cuco cantar, hay abejas en el aire, y es un verano glorioso, fresco y abundante. Las bases de las montañas son de un azul profundo como el cielo, pero totalmente suaves y deliciosas a la vista. Su color se desvanece en la blancura de la línea de nieve de cien kilómetros de largo.

Iliysk está marcada en el mapa de forma prominente por conveniencia. Hay que marcarla grande para indicar que es una ciudad en el río Ili. A pesar de las perspectivas de que se convierta en un importante centro de comercio, todavía es insignificante, no más que una aldea: hay una iglesia, una estación de correos, un mercado y las viviendas de dos mil personas. He visto a nuevos colonos que utilizaban sus caballos para arrastrar grandes cantidades de barro hasta conseguir la consistencia adecuada para hacer las paredes de las nuevas casas. Así que Iliysk está creciendo en tamaño, su población está en aumento.

La mayoría de las casas eran cabañas de barro de tipo flotante, construidas para resistir los terremotos, y sus tejados eran muy ligeros y hermosos, de juncos selváticos de color dorado, cada tallo de tres metros de largo y terminado en una escoba de suave plumaje. El río Ili, donde se cortan estos juncos, es una agradecida lengua de plata, de la anchura del Támesis a la altura de Westminster. Tiene acantilados rosados, está atravesado por un puente de madera y también posee pequeños islotes arbolados. Entre los juncos de las orillas acechan el tigre, la pantera y muchas serpientes.

Pequeños barcos de vapor van y vienen de China, comerciando con lana, pero los chinos los detienen de vez en cuando para cobrar sobornos extras. En el pueblo se cargan carretas y camellos con lana cruda, lo que indica la importancia futura de la pequeña ciudad como centro de comercio. La población es predominantemente rusa, aunque hay tártaros, kirguises y chinos mahometanos. Cerca del mercado hay una mezquita tártara con una media luna verde en lo alto.

Mi camino se dirigía al este, hacia Kopal, pero antes de emprenderlo desayuné en Iliysk —leche agria y pan duro— en una cabaña, con la bendición de Cristo, ¡y qué bueno estaba!

La mañana era muy calurosa cuando me puse de nuevo en camino. Me quité la chaqueta y la metí en la mochila, cargando el fardo agrandado y pesado sobre unos hombros escasamente cubiertos. La tierra era arenosa y desolada, pues estaba demasiado elevada sobre el nivel del río Ili para permitir una simple irrigación. Si se quisiera abrirla a la colonización, el río debe aprovecharse mucho más arriba, en territorio chino, pero los chinos no lo permiten todavía.

No encontré colonos en mi camino desde Iliysk, ni siquiera ningún kirguís. El verano había quemado la hierba del desierto y los nómadas se habían retirado a pastos más frescos en las colinas. Se puede adivinar cuán frugalmente es necesario comer en estos lugares. No es un lugar para quien necesita de manjares y variedad. En general, no recomiendo Asia central para largos recorridos a pie. Por un lado, hay muy pocas oportunidades de lavar nada, incluido uno mismo; no hay posibilidad de remojones mañaneros. No es como en el Cáucaso:

> La alegría salvaje de vivir, el salto de roca en roca,
> el fuerte desgarro de las ramas del abeto, el choque frío

y plateado del chapuzón en el agua viva de una charca.*

Por la noche me apetecía deshacerme de mi saco de dormir —aquellas dos sábanas cosidas por tres lados—, pero los escarabajos, las arañas y los mosquitos lo hacían imposible. Por otra parte, la blancura del saco, cuando la luna brillaba de lleno sobre mí, siempre hacía posible que algún kirguís perspicaz trajera a su tribu para averiguar quién era yo.

Después de una noche en el desierto, por encima de Iliysk, llegué a un lugar que no era tal y que se llamaba Chingildinsky, tal vez por el sonido de las campanas de los caballos que pasaban al galope, ya que casi nadie se detenía allí. Pero supongo que realmente su nombre se debía a Gengis Kan. Sin embargo, en la estación de correos de Zemsky, a la que había acudido para tomar el té, hice una interesante amistad con un tal señor Liamin, ingeniero del Gobierno, arquitecto e inspector de puentes. Era un caballero de aspecto militar, con uniforme de coronel, pero mucho más sociable de lo que se cabría esperar de un oficial ruso. Iba en su propia *taranta*, con sus caballos mimados, Vaska y Margarita. Me preguntó si quería acompañarle, y viajamos todo un día juntos, durante el día y la noche. Cada vez que veíamos una pieza de caza, el cochero kirguís cogía la escopeta de su amo y disparaba. De este modo abatimos dos faisanes y una becada, para regocijo del kirguís y no poco placer de su amo, que no soportaba pensar en el dolor de los animales. Liamin inspeccionaba los edificios del Gobierno, sobre todo los puentes, y de éstos, principalmente los que hacía tiempo que habían sido arrasados por las aguas. Tenía que informar anualmente al gobernador de Semirechye.

«Hay doscientos puentes que necesitan reparación o reconstrucción. Hago mi informe y el gobernador reserva

* Versos de Robert Browning (1812-1889).

doscientos rublos. Un rublo por puente», explicaba sonriendo. «¡Pero qué es un rublo!».

Atravesamos una comarca notablemente vacía, pero fue en este segundo día fuera de Iliysk cuando me encontré por primera vez con los colonos que venían desde Siberia hacia el sur. En este punto, yo ya había recorrido más de la mitad del camino y estaba más cerca de Omsk que de Tashkent.

En la *taranta* de Liamin había todo tipo de bártulos y cajas fuertes con candado, rollos de mapas, instrumentos, almohadas, edredones y armas. Había un mullido fondo en el que uno se sentaba y se echaba sobre la espalda, mientras que las rodillas de delante iban ridículamente altas. Era una forma alegre de viajar, pues ambos estábamos hartos de la soledad y contentos de oír el sonido de nuestras propias voces.

Liamin era un tipo encantador. Hablamos de toda clase de temas. Sus autores favoritos eran Jack London, Kipling y Dickens. H. G. Wells le deprimía el alma, porque era muy pesimista. Le parecía muy terrible que fuera necesario matar a tanta gente antes de que el hombre se decidiera a vivir correctamente. La «República Mundial» no valía ese precio. Había leído *El mundo se liberta* en una traducción rusa, y no se atrevía a creer que alguna vez se produciría una matanza como la que representaba una guerra mundial. La humanidad no era tan estúpida.

Aunque era un funcionario de alto rango, Liamin estaba totalmente en contra de la colonización de Asia central, que calificaba de idea moderna, y se solidarizaba con los errantes kirguises, a los que se excluía de todas las buenas tierras de pastoreo y se les acosaba a través de la frontera con China. En una de las aldeas donde nos detuvimos conocimos a un agrimensor y a un viejo coronel retirado que sostenían la opinión contraria, y criticaron a Liamin mientras nos sentábamos alrededor del samovar.

«Los kirguises son animales, nada más. Los rusos son hombres. Los kirguises se van a China. ¡Dios esté con ellos! ¡Qué se vayan! ¿No son paganos? ¡Deberíamos librarnos de ellos! Piensa en su crueldad; ¡ponen una argolla en la nariz de un toro y lo atan por ella a un caballo, y por la cola a un camello! Si quieren quedarse con nosotros, que se queden en un solo lugar, que se civilicen y obtengan pasaportes adecuados; entonces su tierra estará asegurada para ellos. Pero si deben vagar como animales salvajes, hoy aquí y mañana al otro lado de la montaña, entonces deberán pagar por su libertad y salvajismo».

INVITADOS EN UNA BODA KIRGUÍS

Una cuestión penosa, esta, en el Asia central rusa. Liamin no pudo abrirse paso en su argumentación contra el coronel. El futuro de las tribus kirguises es problemático, pero yo diría que es seguro que cruzarán la frontera con China, en mayor número, a medida que Asia central sea civilizada por los rusos. No sé qué harán cuando Mongolia y China se civilicen. Pero eso está muy lejos.

En un lugar llamado Karachok fuimos testigos de la festividad de una boda kirguís. Había una gran multitud de hombres —los invitados de los alrededores— y todos estaban de pie alrededor de la tienda del novio, mientras que las mujeres, aparentemente todas reunidas, se sentaban dentro e improvisaban canciones.

Se quitó el fieltro del lateral de la tienda y quedó al descubierto el armazón de caña, de modo que las muchachas y las mujeres del interior, todas vestidas de blanco y con turbantes blancos en la cabeza, parecían estar en una jaula. Las mujeres kirguises no llevan velo. Estaban todas sentadas en el suelo, es decir, sobre alfombras en el suelo de la tienda. Cantaban como cantan los rusos del norte en las provincias de Vólogda, Perm y Arcángel, en estallidos salvajes y agudos inarmónicos.

Los hombres se unían de vez en cuando a las canciones, y a veces estallaban en carcajadas, porque las palabras estaban llenas de cosas graciosas inventadas por las muchachas. Aquello parecía ser el resumen de la diversión. Habían asado una oveja entera. Se había corrido una carrera por el premio de una cabra muerta: la carrera nacional conocida como *baiga*.

Hacia medianoche terminaron los cantos y los invitados se prepararon para llevarse a sus esposas e irse a casa; los camellos, los toros y los caballos fueron conducidos, así como las esposas. Entonces estalló una pelea. Uno de los invitados había robado un botón de plata del abrigo de la mujer de otro hombre, lo había cortado con las tijeras como recuerdo, y ella había consentido el robo. La mujer, al ser propiedad personal del marido, no tenía, por supuesto, ningún poder para dar el botón por su cuenta. Es probable que se produjera una escandalosa pelea a garrotazos, pero Liamin apareció en medio de la disputa y lo calmó todo en nombre de la ley y el orden. Los invitados montaron y se alejaron, en la oscuridad, por diversos caminos, en caballos, camellos, toros, con sus esposas. Era asombroso ver el efecto que producía la aparición de un oficial entre la multitud enfurecida. Olvidaron sus diferencias con una sola mirada y el reconocimiento de un uniforme. Hasta los perros dejaron de ladrar cuando vieron la espada de mi amigo y olieron sus pantalones caqui.

Habían retirado a nuestros caballos de los postes. Les habían dado tres horas de descanso y abundante avena para comer. Caminamos juntos por el páramo salvaje y vacío; charlamos y tomamos el té, y luego subimos a la *taranta* una vez más.

Se había hecho de noche antes de que nos pusiéramos en marcha, aunque nos habíamos detenido antes de que nos trajeran los caballos, pues nuestro objetivo era dormir antes de partir, y seguimos comparando impresiones. Yo le conté mi vida, él me contó la suya, me habló de su mujer y sus hijos y de su casa en Przhevalsk*, de sus caballos y sus experimentos en la cría, de las carreras de caballos en Verny, de la alegría de los kirguises en las carreras, la única afición e interés rusos que comparten plenamente, el terreno común de los dos pueblos en la colonia.

Liamin pasaba gran parte del año en China y en la frontera, y evidentemente tenía mucha experiencia con los chinos. Consideraba que tarde o temprano habría una disputa con China debido al progreso de Rusia en Asia central. Pero los chinos serían vencidos. No temía sus millones. No estaban equipados como los japoneses.

* Karakol.

—¿Qué piensas del *terror amarillo*, se está acercando? —pregunté.

—No hay ningún peligro —respondió—, Europa es demasiado belicosa para sentirse amenazada por los chinos.

—¿Crees que Europa es más o menos belicosa de lo que era antaño? —pregunté. Esto fue, por supuesto, antes de la Gran Guerra.

—Opino se está volviendo menos belicosa —dijo Liamin—. Aun así, pasará mucho tiempo antes de que seamos demasiado blandengues para resistir a los mongoles. Pero ¡ay de nosotros si llegara ese momento! Son un pueblo diabólico. A primera vista parecen ingenuos e infantiles, pero nunca se puede estar seguro de lo que traman; son secretos y misteriosos. Para mí es un axioma que todos los asiáticos mienten, sobre todo los chinos. Recuerdas que cuando el terremoto destruyó San Francisco, los americanos descubrieron una ciudad subterránea y desconocida hasta entonces, gestionada por los chinos, y en ella había muchos blancos que habían desaparecido hacía mucho tiempo y nadie sabía dónde, personas que habían sido dadas por desaparecidas y buscadas por sus parientes, la policía y demás. Dondequiera que los chinos forman colonias, se dedican a diabluras de un tipo u otro. Recuerdo las cosas espantosas que hicieron los chinos en la insurrección de los bóxers, la originalidad de las torturas que inventaron. ¡Imagina esto como tortura! Un ruso que conocí cayó en sus manos, y su manera de matarlo fue atarle el cadáver de un hombre, y día y noche vivió con este cadáver hasta que los gusanos lo devoraron y murió de locura. A los aldeanos rusos no les importa hacer negocios con los chinos, pero recuerden siempre que son paganos, y muchos piensan que tienen tratos directos con los demonios. Yo estaba en Blagovéshchensk cuando los chinos abrieron fuego contra nosotros, y nuestros colonos siberianos expulsaron a todos los chinos de la ciudad, treinta mil de ellos, y se ahogaron en el río como ratas.

Para entonces ya habían montado los caballos, habíamos dejado atrás Karachok y ahora trotábamos suavemente durante la noche. El kirguís que conducía dormía; los caballos también casi dormían mientras avanzaban. Liamin, por fin, cansado o adormilado por el movimiento, asentía al hablar y se dormía en medio de una frase.

El camino ascendía por encima de altas montañas, la luna bañaba de luz la pista y el paisaje salvaje y vacío. ¡Qué lejos se extendía a ambos lados el mundo deshabitado! Era como atravesar un planeta nuevo y habitable en el que cabía esperar que vivieran hombres, pero en el que todos sus habitantes habían muerto. El mundo mismo se asomaba, su gran lomo se alzaba tímidamente, como si fuera un gigantesco y timorato animal que nunca hubiera sido molestado.

Fue una noche maravillosa, tranquila, apacible e insólita. Liamin, a mi lado, dormía silenciosa e intensamente. El kirguís parecía tallado en madera. Yo me eché hacia atrás y miré hacia fuera, con los dedos entrecruzados detrás de la cabeza. Así pasaron las pequeñas horas. La noche parecía desplazarse sobre nosotros y quedar atrás, y yo veía por delante el sigiloso amanecer, el mañana, el verdadero mañana, dorado y luminoso en el horizonte oriental. El sol salió e inundó nuestros ojos somnolientos y dormidos, mientras trepábamos por la cresta de una colina. Entonces llegamos a la aldea tártara de Koyankoz y ya era de día.

X

En la frontera china

EN Koyankoz me separé de Liamin. Me fui a dar un paseo por las colinas; él continuó su camino con Vaska y Margarita. Había llegado a una región montañosa y de aire puro; con valles verdes y flores silvestres, arroyos junto a los cuales pude disfrutar de una agradable comida, y gocé un paseo muy agradable hasta Kopal. Se distinguían manchas de nieve en las alturas, alcé la mano e imaginé tocarlas sólo por el placer de sentir el contraste con el calor de los desiertos que había atravesado.

La carretera se elevaba sobre una verde meseta hasta Altyn-Emel, donde llegué a un cruce en la carretera hacia China. Una enorme caravana de camellos bloqueaba todos los caminos; doscientas o trescientas filas de camellos, atados de tres en tres, atados transversal y longitudinalmente, portando enormes alforjas de lana, pero sin pasajeros. Los chinos y sus chiquillos estaban a cargo de ellos, y corrían entre las patas de los camellos maldiciendo y gritando cuando las cuerdas de animales desconcertados o intencionadamente contrarios amenazaban con hacerse nudos y enredos inextricables. Los sartos hacían aquí un buen negocio, vendían comida caliente en calderos de madera con tres compartimentos, en los que había empanadas de carne, sopas, patatas, respectivamente, todo cocinado al mismo tiempo sobre carbón vegetal. Altyn-Emel es un punto interesante del camino. Aquí pueden verse en ocasiones cazadores británicos con sirvientes hindúes, y dos o tres *britchkas* llenas de trofeos y grandes cornamentas envueltas en lino y lana de algodón, sujetas con cuerda. Antes de la guerra, cuatro o cinco oficiales británicos pasaban por Altyn-Emel cada año de camino a la Tartaria china o a la India, o desde esos lugares, de regreso a casa. Algunos estaban aquí cuando estalló la guerra y tardaron mucho en enterarse de lo que había ocurrido en Europa.

Es un territorio muy hermoso, con picos nevados a la vista en la distancia y a tus pies lirios blancos, raspillas y brillantes rosas escocesas, esas flores amarillas espesas sobre tallos espinosos. Luego hay campos de gordolobo tan espesos como tallos de maíz después de que las hoces de los campesinos hayan cortado la cosecha. Hay pueblos rusos y estaciones cosacas muy bonitas y frecuentes: Kugalinskaya, Polovinka, Kruglenkoye. Pasé por un pueblo apenas establecido en 1911, muy limpio, bien cuidado y prometedor. Kugalinskaya Stanitsa era un antiguo asentamiento, levantado sobre tierra probablemente dada a los cosacos cuando la conquista. Este lugar estaba lleno de borrachos la vez que me quedé allí, aunque ahora, después de la guerra y la ley seca, esa característica debe haber desaparecido. Al parecer, los cosacos encontraban la vida bastante aburrida; tenían un espectáculo de marionetas en el bazar, loterías y mesas de ruleta, donde se jugaban su dinero y se apostaban botellas de vodka. La taberna estaba llena de borrachos cantores. Ahora me imagino lo animada que debía estar la gente cuando se declaró la guerra.

Después de una noche maravillosa en una pequeña meseta verde cubierta de gordolobos, donde al tender la cama tuve que aplastarlos, me dirigí a Tsaritsinskaya. Allí, en el paso sobre las montañas y el río Koksa, recibí mi primer remojón en esta larga caminata, empapado hasta la piel por la niebla y la llovizna; pero mi aspecto no empeoró mucho por ello, y me sequé naturalmente al sol al día siguiente.

El camino era en este punto como una carretera del Cáucaso: escarpado, salvaje, magnífico, con desfiladeros y pasos, riachuelos espumosos, aldeas enhebradas con la vida del agua corriente, el paraíso de los patos y sus crías. Las carreteras de salida estaban marcadas por montones de barro y piedras, y por ellas me dirigí a Jangiz-Agatch, con sus hermosos árboles, y a Karabulak y Gavrilovka. Finalmente, tras pasar un día a través de grandes extensiones de terreno iluminado por aulagas en flor y rosas amarillas, y leguas de páramos donde acechaban los lobos, arribé a Kopal.

Kopal está a no menos de mil kilómetros de la estación de ferrocarril más cercana, lo más parecido al fin del mundo. Un pueblo sin posada, sin barbero; un lugar que se puede recorrer en un cuarto de hora, y que, sin embargo, tiene jurisdicción sobre una inmensa extensión de territorio a lo largo de la frontera rusa con China. Era tarde cuando llegué allí, y cuando fui a la casa de postas, la encontré atestada de chinos; chinos en las dos camas, en el suelo, en el pasillo; palillos sobre la mesa. Todos ellos eran viajeros en la carretera de Pekín, que se dirigían lentamente hacia el norte, hacia el ferrocarril transiberiano.

Enseguida, uno de los que ocupaban una cama se levantó, se disculpó y dejó libre su sitio para dormir, ofreciéndomelo a mí. A pesar de mi negativa, se quitó la manta y el edredón y los extendió en el suelo. Su humildad era conmovedora, sobre todo en contraste con mi instintiva aversión a una cama en la que se había tumbado un chino. Afortunadamente, no me sentía cansado.

No llevo reloj en mis viajes, así que la idea de qué hora es se desvanece gradualmente de la mente. La hora no es motivo de preocupación; el amanecer, el mediodía, el atardecer y la noche son los cuartos del reloj, y son suficientes. Pero en la estación de correos de Kopal, mientras los chinos se borraban oficiosamente, me encontré mirando distraídamente el gran reloj que colgaba en un rincón sombrío y tratando de adivinar la hora. La esfera del reloj era un tigre mirando a una serpiente. Cuando dieron las doce, las agujas estaban entre los ojos del tigre. A las siete y cuarto las manecillas sostenían a la serpiente. El reloj tenía mucho polvo, pero imagínese el lector el susto que me llevé cuando de repente vi que los ojos de la cara del tigre me miraban. Mientras yo lo contemplaba fijamente, las pupilas se movían lentamente por el blanco de los ojos. El péndulo hacía girar los ojos.

Eran sólo las nueve, y al llegar a la ciudad había notado un considerable resplandor de luces, una gran carpa blanca y un anuncio de un circo chino. Un circo chino era algo que no podía perderse en este país vacío y extravagante, así que dejé mi mochila en la casa de correos y salí a ver el espectáculo. Era algo verdaderamente original, una diversión novedosa después de un largo día de viaje por los eriales y las selvas de las montañas de Alatau.

Era una carpa circular, pequeña como la de un circo, con sólo tres filas de asientos alrededor de la arena. El precio para sentarse era de treinta kopeks, para colocarse detrás, quince kopeks. Los soldados entraban gratis, y había unos treinta, con sus rostros de campesinos apagados y sus polvorientos uniformes caqui. Cerca de la entrada había un palco cubierto de banderines rojos, gratuito para el jefe de policía y sus amigos. El jefe de policía tenía un palco libre en casi todos los espectáculos locales de Rusia: podía permitir o prohibir el espectáculo. Había tres músicos —campesinos rusos a los que se pagaba un chelín por noche, según tengo entendido—, que tocaban sin cesar una concertina, un violín y una balalaica. En las desvencijadas y desnudas gradas que rodeaban el escenario, aún vacío, había entre cien y ciento veinte espectadores, una mezcla de rusos, tártaros y kirguises. Todos los oficiales y funcionarios rusos de la ciudad parecían estar allí, acompañados de sus esposas e hijas elegantemente vestidas. Los comerciantes tártaros lucían sombríos con sus gorros negros; sus mujeres, parecían reinas, con pequeñas coronas en lo alto de la cabeza y largos velos que les caían sobre el pelo y la espalda. Había una hilera de estas mujeres tártaras coronadas; una hilera también de mujeres kirguises, con altos turbantes blancos envolviendo sus anchas cejas. Había colonos y sus *babas*, campesinas de «rostro abierto» y alma sencilla, petrificadas por la aparente diablura de los paganos chinos. Para ellas, el hecho de que los chinos sean paganos —no cristianos— no es una broma, sino una feroz realidad. Consideran a los chinos como algo relativamente parecido a demonios.

Las lámparas de nafta se balanceaban inquietas desde las altas vigas de la carpa y arrojaban volúmenes desiguales de luz desde llamas rasgadas de aspecto peligroso. El arenoso escenario y toda la gente que lo rodeaba se mostraban brillantes en la plenitud de la luz.

El primer punto del programa no fue especialmente llamativo. Sonó una campana y salió un chinito vestido de negro que hizo girar con malabarismos una bandeja de té sobre un palillo. Siguió un payaso ruso con la cara pintada, sombrero viejo y peluca amarilla, que se puso muy serio y mostró al público varios trucos. Tenía tres sirvientes chinos, y la diversión consistía en que le robaban sus cosas y estropeaban sus esfuerzos. Por último, cogió un gran palo y los persiguió alrededor de la arena, para gran deleite de todos los niños presentes.

Terminado el turno del payaso, se presentó un chino muy apuesto, con pantalones negros de raso, medias ajustadas, jersey escarlata y cuello y corbata ingleses. Era bastante alto, tenía una cara grande y femenina, dientes brillantes y pelo largo y negro. Caminaba alegremente con zapatillas pequeñas y llevaba un puñado de diez cuchillos. Otro chino salió con un viejo tronco de árbol que sostenía en punta. Un niño se acercó y se puso de pie contra el tronco. El guapo chino se puso en pie y lanzó los cuchillos como si quisiera clavar al niño en la madera. Pero apuntó entre el brazo y el cuerpo del niño, sobre su brazo, entre sus piernas y al lado de sus piernas, a cada lado de su cuello, a cada lado de sus orejas y sobre su cabeza, y mientras los lanzaba sonreía. Repitió su hazaña, colocando todos los cuchillos alrededor de la cabeza del niño, sin levantar nunca la piel.

El cuarto número lo presentaba el dueño de la compañía, un anciano vestido con una voluminosa bata azul claro y una larga coleta. Hizo aparecer de la nada una bandeja de galletas y pasteles, vasos, una tetera y un humeante samovar, invitando al público a tomar el té con él y hablando un divertido ruso entrecortado:

«Os reís, pensáis que es un buen truco, ahora os voy a enseñar otro gran malabarismo; me llevó diez años aprender este...» y así sucesivamente.

Cuando los aplausos se apagaban, volvía a sonar la campana y salía el «chino de la cabeza de hierro fundido». La orquesta tocaba danzas rusas todo el tiempo, y muy ruidosamente. El de la cabeza de hierro se tumbaba en la arena y se ponía dos ladrillos en la sien. A una distancia de diez metros, otro chino sostenía un ladrillo y se disponía a depositarlo sobre la cabeza de su compañero postrado. Luego, el de la cabeza de hierro fingía perder los nervios y se levantaba de un salto con un grito terrible, señalando a la orquesta: había que cambiar de música. Entonces el público contenía la respiración mientras se repetía el truco con suaves melodías de canción de cuna. Esta vez, el hombre postrado recibía los ladrillos uno a uno a medida que se iban depositando —de lleno sobre los ladrillos que yacían en su sien— y, por supuesto, no sufría ningún daño, aunque corría el riesgo de recibir un mal golpe.

El viejo prestidigitador salió de nuevo y bailó al son del ruso Kamarinsky, sosteniendo una caña bambú como si fuera su pareja, y haciendo toda clase de giros ingeniosos y divertidos. El joven que hacía malabarismos con la bandeja de té sobre el palillo reapareció, e hizo un difícil truco de equilibrio, elevándose sobre un caballete que descansaba sobre pequeñas esferas en una mesa. Luego vinieron dos espectáculos de lo más original, el baile de un anciano con un látigo de lino de cinco metros, y el rodar alrededor del cuerpo de un oxidado cetro de hierro de dos metros.

El hombre que bailaba hacía crujir y rodar el largo látigo de lino por la arena, haciendo espléndidos círculos y ondas, mientras él se quedaba en medio de todo ello.

El malabarista del cetro se las ingeniaba para hacer rodar el extraño instrumento por todo el cuerpo, por la espalda, los hombros y el vientre, sin dejarlo tocar nunca el suelo ni con la mano, y al mismo tiempo bailaba al son de la música. Era una hazaña de lo más atractiva, y tan digna de contemplar como cualquier otra exhibición que hubiera visto en una gran ciudad.

Hubo un descanso y un gran bullicio de conversaciones y conjeturas. Tras el descanso, se celebraron combates de lucha libre y piruetas en bicicleta. Un pequeño y astuto mongol no tuvo dificultad en deshacerse de los que se ofrecieron a luchar contra él, y un ciclista ruso que montaba sobre su manillar recibió grandes aplausos de los habitantes de Kopal, la mayoría de los cuales no habían visto antes una bicicleta.

Así terminó el espectáculo, y todo el mundo quedó satisfecho. Los malabarismos desconcertaron mucho a los rusos sencillos, y oí muchos comentarios divertidos de los que estaban detrás de mí y a mi lado. La evocación del humeante samovar era especialmente inquietante para las mentes de las campesinas, y oí a una decir a otra:

—Dios sabe de dónde lo sacó.

Y la otra respondió seriamente:

—¿Qué tiene que ver Dios con esto?, es el poder de Satanás.

Volví a la casa de postas en un estado de ánimo agradable; era la una del reloj con cara de tigre, saqué mis sábanas y mi manta, y dormí en un vagón en el patio. Todos los chinos roncaban.

Dije que en Kopal no había barbero, pero al día siguiente encontré a un sarto que se afeitaba. Entré en una vivienda del bazar, mitad hogar, mitad cueva. Imagíneme el lector sentado sobre una alfombra andrajosa en el suelo de una choza de barro, con un pañuelo rojo bien atado al cuello. Un viejo mahometano calvo sostenía en la mano una taza rota que contenía vinagre. Mojaba el pulgar en el vinagre y me masajeaba las mejillas, la barbilla y el cuello. Era extraño sentir su ancho pulgar golpeándome la piel y la barbilla. No hacía espuma, pero creía haberme ablandado la piel con su duro pulgar y el vinagre. Luego blandió una navaja rota sobre mi cabeza y me arrancó el pelo de la cara con ella. No me dio agua para enjuagarme, pero cuando terminó su trabajo, me puso en la mano cinco centímetros de espejo roto para que pudiera examinar mi nuevo rostro y juzgar si lo había hecho bien.

Los chinos de la oficina de correos se comportaban como cristianos, o mejor dicho, como deberían comportarse los cristianos, con gran humildad y altruismo, cediendo el samovar a los visitantes rusos, trayendo agua para llenar los lavabos, limpiando y secando los platos después del desayuno y barriendo el suelo de la sala de correos antes de marcharse. La mujer del jefe de correos dijo que había un flujo constante de chinos, y que siempre se comportaban así.

Kopal, a mil doscientos metros sobre el nivel del mar, está en medio de un hermoso paisaje. La frontera se extiende hasta Chuguchak*, donde el lomo de las montañas Altái es salvaje y desolado. La frontera está marcada con postes numerados, pero hay pocos soldados o agentes de policía que te interroguen si cruzas en cualquier dirección. Existe cierto contrabando; uno de los artículos que se traen de China son los cigarros, de los que se dice que la burocracia local es aficionada.

Los viajeros que se dirigen a Gulja a veces se alojan en Kopal. Se les da facilidades para hacer esos viajes y reciben un trato honorable, sus nombres se envían a todos los jefes de correos del camino y se publican instrucciones en todas las casas de correos a lo largo de la carretera. Era interesante

---

* Tacheng.

leer en las paredes de las oficinas de correos avisos del tipo siguiente:

«Pasará por aquí (seguido de un nombre inglés). Le daréis caballos y todo lo que pueda necesitar. En caso de que se lo impidáis por cualquier motivo, seréis severamente castigados».

Estos viajeros ingleses a menudo poseen sus propias *tarantas*, y duermen en ellas por la noche. Así evitan la incomodidad de dormir en una habitación llena de chinos. En general, es mejor dormir fuera que dentro de un edificio.

Templo chino en Yarkent (Zharkent)

LEPROSOS EN UNA CIUDAD FRONTERIZA

XI
«Noche de verano entre los nómadas»

SALÍ de Kopal por una ancha carretera hacia el páramo y, tras varias horas de marcha, llegué a la aldea cosaca de Arazán, un típico asentamiento a la sombra de los sauces, con riachuelos que corrían a lo largo de los canales entre la carretera y las cabañas. Aquí, en la casa de un viejo soldado hercúleo, me ofrecieron para cenar un plato de leche caliente, diez huevos ligeramente cocidos y un puñado de pan negro, la comida típica del día para un vagabundo en estos lugares.

En el agradable frescor del sol de las cinco, salí al otro extremo de la única calle del pueblo y subí a las colinas de más allá. Doblé una angostura en las montañas, descendí por pequeñas gargantas verdes hasta extraños valles, y emergí de ellos trepando hasta altas crestas y frías alturas barridas por el viento. Todo a mi alrededor se volvía desolado y escarpado. Era conmovedor mirar hacia atrás, a la pequeña colección de casas que había dejado —la pequeña y compacta isla de árboles en el océano de páramos debajo y detrás de mí— y mirar hacia delante, hacia el horizonte donde todo parecía terrible y prohibitivo.

En semejante paisaje tendí mi cama y dormí. La ladera de la colina estaba cubierta de tallos de gordolobo, y a medida que oscurecía, estos tallos parecían crecer cada vez más altos y más negros a mi alrededor, hasta que parecían un gran bosque de postes de telégrafo. Las vastas masas oscuras de las montañas soñaban, y en el cielo ligeramente nublado las estrellas se asomaban, vientos cargados de lluvia soplaban sobre mí, y yo prefería que lloviera a que no lloviera, pues todo estaba muy seco después de semanas de calor veraniego. Pero no llovió, aunque los vientos eran frescos y la noche dulce.

A la mañana siguiente, con gran dificultad, recogí raíces y hierba marchita suficiente para hervir una olla y hacerme el té de la mañana, y me senté a desayunar en presencia de una tarabilla común y sus cuatro polluelos de peluche, que gorjeaban y piaban, y no temían posarse en la misma orilla que yo, mientras su madre les arengaba sobre «cómo volar». Mientras estaba allí sentado, llegaron por fin las grandes gotas de lluvia, que hicieron profundas manchas negras en el polvo del camino. Los relámpagos iluminaron mi navaja, los truenos hicieron rodar rocas por las montañas, y me dirigí a toda velocidad a una cueva para evitar un chaparrón.

Me encontraba en un distrito un tanto célebre. El paso y el desfiladero de Abakum se cuentan entre las atracciones turísticas de la tierra de los Siete Ríos, y son visitados por veraneantes y excursionistas rusos. Todas las rocas tienen garabateados los nombres de antiguos visitantes, y sólo por ese hecho se sabe que el lugar tiene un nombre y es considerado hermoso. Cuando dejó de llover y volví a salir de la cueva, vi a un ruso escribiendo su nombre. Tenía un palo mojado en el lubricante con que se engrasaban los ejes de las ruedas de su carro. Por primera vez vi cómo se escribían en las rocas esos garabatos intensamente negros de nombres y firmas. Nosotros nos contentamos con rayar nuestros nombres con un trozo de vidrio o con un clavo, o con escribirlos con tiza, o cincelarlos con una navaja; pero los rusos son aficionados a las firmas negras y audaces de un metro de largo, y las hacen con esta brea y el aceite de las ruedas de sus carros.

Era un mediodía agradable en la estrecha carretera, entre rocas añiles desmoronadas y escombros amontonados. Las laderas pedregosas estaban empapadas por la lluvia, el aire era fresco, y a lo largo del camino se veían esos rosales enanos que había visto en la carretera de Kopal, espinosos, pero cubiertos de decenas de brillantes flores amarillas en pequeños tallos rojos. La escarpada carretera ascendía de nuevo hacia lo alto, hacia el cielo, y me dio la visión de una nueva tierra, la vasta llanura muerta de la Semirechye septentrional y de la Siberia meridional. Hacia el norte, en el horizonte, se extendían desiertos, marismas y vastos lagos con orillas deshabitadas, estepas marchitas y tierras bajas mustias. De un vistazo me di cuenta de lo poco interesante que iba a resultar mi camino si perseveraba en línea recta hacia Semipalátinsk, y resolví mantenerme en las montañas en las que me encontraba, y seguirlas hacia el este y el noreste hasta la remota ciudad de Lepsinsk*.

Desde aquella altura, que evidentemente era un paso de montaña, descendí al bonito desfiladero de Abakum. El camino era empinado y estrecho, los acantilados a cada lado escarpados. Un pequeño arroyo espumoso descendía de los acantilados, sobre montones de rocas, y acompañaba a la carretera por un canal artificial. En una delgada pared de roca se había formado una extraña pasarela por la que corría el arroyo y el cable telegráfico; había una senda, pero los carros se veían obligados a dar un rodeo. En esta puerta y en las rocas vi otro indicio de la Siberia comercial. Viajeros

---

* Lepsy.

comerciales habían garabateado: «compre galochas Provodnik en Omsk» y «compre té indio y hágase rico»; que para mí era lo equivalente a ver en medio del desierto, algo así como «Tónico pulmonar de Owbridge: 4.000 millas a Londres».

Aun así, estos anuncios de galochas y té estaban garabateados, no impresos, y eran hechos voluntariamente por viajeros entusiastas que probablemente no recibían honorarios por hacer tal cosa.

En Inglaterra los hombres tallan por costumbre el nombre de su amada en un árbol; en Rusia, el suyo propio. En América, los hombres escriben lo que O. Henry llamaba «su línea especial de trabajo», por lo que todo el Nuevo Mundo está garabateado con anuncios de comercio. De modo que en el lejano desfiladero de Abakum vi un presagio de la otra América del futuro: la gran Siberia comercial, a la que tal vez algún día emigrarán los americanos en busca de trabajo, como hoy emigran los rusos a América.

Sentí que este paso era la puerta de entrada a Siberia, aunque, políticamente, la frontera está a unos quinientos kilómetros de distancia. Después de seis o siete curvas, la carretera desembocaba en una llanura verde y gris, la estepa meridional de Siberia. Lepsinsk, mi siguiente parada, fue la primera ciudad cuyo nombre terminaba en «sk», y apenas hay más de cuatro ciudades en Siberia con un nombre que no termine así.

Ninguna de las carretas de emigrantes que encontré venía del sur, sino todas de Siberia, y muchos de los emigrantes eran siberianos descontentos con sus posesiones en el norte. Parecían gente pobre y las caravanas estaban bastante desoladas. En los alrededores de Lepsinsk se ofrecía a los emigrantes una gran cantidad de tierras, la mayoría contiguas a la frontera china; y aunque verdes y fértiles, eran tan difíciles de colonizar como las llanuras del sur. Los siberianos echaban de menos los bosques de pinos, su cobijo y su combustible. Era un auténtico espectáculo contemplar la rezagada procesión de mujeres detrás de los carromatos cubiertos de polvo: tenían que esparcirse por el páramo y la calzada, y buscar raíces y astillas de madera con las que hacer fuego al final de su jornada. Todas las mujeres se levantaban el delantal o las enaguas, y recogían el combustible en el regazo. Tardaban casi todo el día en conseguir suficiente para el fuego con el que hervir la sopa nocturna.

Para mí, sin embargo, fue un camino verde y alegre desde Abakum hacia el este hasta Sarkand, manteniéndome en las laderas de las montañas y no avanzando por la calcinada llanura que se extiende hacia el norte. No me arrepentí de que el cruce de caminos me tentara a ir hacia el este, abrazando las montañas. Larga hierba verde ondeaba a cada lado del camino, salpicada con espuela de caballero azul e inmensas malvarrosas amarillas. Me encontraba en la tierra donde los kirguises tienen sus pastos de verano, y a menudo me topaba con clanes enteros que acababan de armar sus tiendas. Era un cuadro multicolor de camellos, toros y caballos, de ovejas pululando entre los niños, de gatitos jugando con las colas de los demás, de tiendas cuyo armazón apenas estaba levantado, de montones de fieltro y alfombras sobre la hierba, de viejos cofres de madera y ollas antediluvianas y jarros de cuero flácido que yacían promiscuamente juntos, mientras el nuevo hogar no estaba hecho.

En este camino me alcanzaron los malabaristas chinos y acamparon muy cerca de donde me quedé a dormir una noche. Me divirtió ver al viejo prestidigitador, ese que había sacado de la nada el samovar humeante, buscar trozos de madera y raíces con gesto afligido para hacer hervir el mismo samovar en serio.

Al día siguiente llegué a la aldea de Jaiman Terekti y a su notable paisaje. El río Baskau fluye entre orillas extraordinarias; grandes rocas desnudas, todas cuadradas y de aspecto arquitectónico, que dan la impresión de inmensas fortalezas antiguas sobre el arroyo. Estas rocas cuadradas y abombadas son características del paisaje y de las formaciones geológicas, y confieren grandiosidad a lo que de otro modo serían tranquilos rincones. El propio desfiladero de Abakum debe su imponencia a esta runa geológica.

En un pueblo de los alrededores me encontré con cuatro muchachos que iban a las montañas a estudiar durante el verano. Eran estudiantes de alguna gran escuela de ingeniería y, como parte de su formación, habían sido enviados a estudiar las obras de irrigación y los puentes de esta colonia. En cada puente que encontrábamos en el camino se detenían, lo examinaban y tomaban notas sobre su estructura y sus necesidades, y en cada pueblo estudiaban el control de los arroyos de las montañas, la canalización del agua y los usos que podían darse a las reservas naturales de agua. Se llamaban a sí mismos *hidrotécnicos*, y con el tiempo se convertirían, tal vez, en ingenieros de riego. Su viaje no les costaría más de cien rublos, es decir, diez libras cada uno durante los tres meses de verano. Su cuartel general iba a ser un pueblo a orillas de un río a unos cien kilómetros al norte de Lepsinsk; allí armarían sus tiendas y acamparían, cocinarían sus comidas, organizarían expediciones y harían buenos sus estudios. En total, unas tres docenas de jóvenes estudiantes acudían a su campamento y formaban el equivalente de una clase de verano.

Los cuatro jóvenes tenían bajo su protección a una señora alta, con pantalones de algodón, de aspecto atlético y buena presencia. Ella y sus dos hijos pequeños se dirigían a casa del marido, ingeniero del Gobierno, encargado de la construcción de la nueva ciudad de Lepsinsk, el punto ferroviario más cercano a la vieja Lepsinsk. Daba un aspecto muy llamativo en su *sharivari*, y los nativos se reunieron a su alrededor para observarla de una manera absurda. Me dijo que había comprado el estampado por un rublo y ochenta y siete kopeks, y que se lo había hecho ella misma justo antes de partir; las faldas eran muy inconvenientes para viajar, pues acumulaban mucha suciedad. Pero hay que decir que atraía mucho la atención sobre sí misma, estaba un poco loca. Me divertía pensar en cómo la trataría su marido cuando llegara a su destino. Pero tal vez me equivocase, puede que él se sintiera tan nostálgico que ni siquiera se molestaría cuando ella apareciese. Era una pícara de libro, con medias caladas de color azul claro, rotas, y botas de botones, una de las cuales se abrochaba con un imperdible, la otra con dos botones de camisa. No obstante, era muy ingenua y siempre exhibía una sonrisa en los labios, de esas a las que se les perdona mucho. Cuando intentaba abofetear a sus hijos, éstos iban a por ella con uñas y dientes, y el pequeño, de dos años, imitaba continuamente a alguien, probablemente al padre, y se dirigía así a su madre:

«*Akh tee somnoi ne zagovarivaisia*» («No te quedes ahí hablando conmigo»).

«*¡Bross!*» («¡Basta!»).

«*¡Pliun!*» («¡Escupe!»).

Me pidieron que imitara a gatos, perros, ovejas, palomas y camellos, y que fingiera sin límites.

La dama contó la divertida historia de un banquete al que los kirguises habían invitado a su marido y a ella misma. Conviene aclarar que en ruso la cabeza de un animal se dice *golovo*, y la de una expedición o grupo de obreros, *glavny*, adjetivo derivado de *golovo*, cabeza. En este banquete en la tienda kirguís, el ingeniero fue colocado en el asiento más alto, y se le dijo que la cena estaba próxima. De repente apareció un kirguís con una cabeza de oveja asada, y se la llevó al ruso, diciendo:

—¡Por favor, come!

—¿Qué es esto? —preguntó el ingeniero—, ¿la cabeza de la oveja para mí?, ni hablar, debes traerme algo más sabroso.

—No, por favor —dijo el kirguís—, tú eres el jefe y debes comerte la cabeza.

—Eso jamás —sentenció el ruso. Pero le rogaron que hiciera honor a su costumbre para permitir comer al resto, puesto hasta que él no hubiera empezado por la cabeza, nadie más podría empezar.

Todos los obreros del ingeniero eran kirguises, pues trabajaba en territorio kirguís, en una región que aún no había sido colonizada por los rusos. La mujer y sus hijos se desviaron por un camino de montaña y un kirguís los llevó al campamento de su marido. No queríamos dejar marchar a la mujer, que había animado mucho el camino.

Lepsinsk es lo que los rusos llaman un *medvezhy ugolok* (rincón de los osos), un lugar donde en invierno los lobos recorren la calle principal como si no la distinguieran de sus peculiares guaridas. Se encuentra a 1.520 kilómetros por carretera de Tashkent, por un lado, y a 1.670 kilómetros de Omsk por el otro, aproximadamente a 1.600 kilómetros de la estación de ferrocarril más cercana. Está en lo alto de las montañas de la frontera mongola y vive una vida propia, casi completamente ajena a lo que ocurre en Rusia y en Europa: una ventana a Mongolia, como la ha llamado un ingenioso lugareño.

En el transcurso de los próximos cinco años se construirá un ferrocarril de Semipalátinsk a Verny, y como Lepsinsk es la ciudad más grande del camino, en justicia debería pasar por ella. Pero Lepsinsk está ubicada a cierta altura. Cuando llegó la noticia del ferrocarril proyectado, los burgueses hicieron una petición a las autoridades pidiendo que se les informara dónde estaría exactamente el ferrocarril, para trasladar Lepsinsk allí. Todos los que tuvieran algún negocio desplazarían sus existencias. Fueron informados, y en un año, o año y medio, Lepsinsk prometió trasladarse ochenta kilómetros hacia el oeste. Las operaciones de construcción estaban en pleno apogeo en el nuevo emplazamiento, ya que el terreno había sido cedido gratuitamente por el Gobierno; y el ingeniero, cuya esposa habíamos conocido, estaba a cargo. Si la guerra no impide la continuación de la construcción del ferrocarril, la vieja Lepsinsk será abandonada.

Pasé cuatro días en la ciudad en compañía de los jóvenes *hidrotécnicos*. Nos dieron habitaciones gratis en la pensión Zemsky, y allí me quedé tres noches antes de reanudar mi viaje hacia Irtish. Los estudiantes no tardaron en encontrar y entablar amistad con la gente del pueblo. Hallamos una familia que venía del mismo campo que uno de los jóvenes, y pasamos toda la tarde en una gran granja, bebiendo té, tocando instrumentos musicales y cantando coros rusos.

Al día siguiente fuimos a la oficina de información de los colonos, hicimos amistad con el joven encargado, y fuimos a jugar con él a la *pirámide* en los salones de actos de la ciudad; entraron varias personas más, jóvenes y viejos, y se unieron a la partida de billar hasta que fuimos una docena o más.

Después del billar nos sentamos todos a comer una simple comida de carne de vaca hervida y sin condimentar, sin verduras, pero con jarras de leche cremosa para beber. La conversación giró en torno a las cartas, el billar y el próximo baile del domingo por la noche. ¿No se podía formar una orquesta que sustituyera al gramófono habitual con el que se bailaba los domingos por la noche? ¿Habrían llegado las tan esperadas películas cinematográficas? ¿Qué pasaría si se proyectara una película de cine al revés? ¿No sería a menudo más divertida la historia?

La mañana del domingo la pasamos en los dominios de la oficina de información de los colonos, y entrevistamos a campesinos para el director mientras este estaba todavía en la cama. Había mucha basura por todas partes: vasos de té, cajas de cigarrillos, postales, lámparas eléctricas, cartas viejas, formularios del Gobierno, mapas... lo mismo en la habitación que en la oficina. Había una máquina de escribir, y me entretuve tratando de escribir frases en inglés en cirílico, ya que había un buen número de letras rusas parecidas a las nuestras.

Las personas que acudían en busca de información tenían diversos motivos. Una estaba enferma, otra se había peleado con su marido. Un anciano empujó delante de sí a una joven bastante abatida, y comenzó su llamamiento con estas palabras: «Encomiendo esta mujer a vuestra misericordia. Le están robando la tierra que es suya». Se había peleado con su marido y había huido a casa de su padre. Mientras tanto, el marido intentaba vender la tierra o conseguir dinero con ella, al menos eso decía el padre. Pero le hicimos notar que eso no tenía sentido; la tierra aún no era propiedad absoluta del marido, y no podía venderla; sólo podía devolverla al Gobierno.

El domingo por la noche fuimos todos a los salones de actos, y vimos Lepsinsk en su esplendor dominical, hablamos a gritos entre multitudes, escuchamos un gramófono, vimos bailar valses melancólicos a muchachas y jóvenes campesinos; no había baile ruso, pero la gente estaba contenta de creerse «europea». Conocí al *ispravnik*, o quienquiera que fuese, que gobernaba Lepsinsk, y a los ricos del lugar, un grupo provinciano, obtuso y remoto, cuyo único interés eran los juegos de cartas. Estaban muy interesados en jugar conmigo a la *preferencia*, un complejo juego de cartas ruso que, por lo general, había creído conveniente no aprender, y me divertía oír que me enseñarían, y que lo que perdiera pagaría mi lección. Hablé un poco de Inglaterra. Por regla general, recibían los periódicos tres semanas después de su publicación, pero los leían como si fueran recientes cuando llegaban. Su idea principal de nuestras actividades británicas era que las sufragistas asesinaban, mataban, bombardeaban, expropiaban, y se reían del hecho de que nuestros hombres no fueran capaces de manejar a las mujeres.

Lepsinsk es un lugar apartado y, en cuanto a la carretera, un callejón sin salida entre las montañas. Me preocupaba mucho saber qué camino debía tomar a continuación, y no quería volver sobre mis pasos hasta Altyn-Emel. El mapa y mi ruta fueron otro tema de conversación entre los dignatarios de Lepsinsk. Cada uno me daba una versión diferente de las carreteras y los transbordadores. Al final decidí atravesar el campo y arriesgarme a que los pantanos o las corrientes de agua se interpusieran en mi camino, una decisión precipitada, ya que al cabo de un día más o menos podría verme obligado a volver a la ciudad e intentar otro camino; pero resultó ser una decisión perfectamente idónea. Por este camino vi más cosacos y kirguises, dos razas que contrastaban notablemente, y pasé la noche de San Juan —siempre una noche de fiesta— en circunstancias muy hermosas e insólitas.

Lepsinsk es un asentamiento cosaco. Todos los jóvenes son jinetes, tienen que cumplir su condena en la guerra y están obligados a hacer el servicio militar sin ninguna exención ni excepción. Todas las familias y aldeas cosacas se educan en estas condiciones. A los niños se les enseña a montar a caballo como nosotros enseñamos a nuestros hijos a caminar. Aprenden las canciones que canta el regimiento cuando sube a caballo por la calle principal, portando las picas negras en sus manos. Las mujeres, cuyos hijos y maridos van a la guerra, son pacientes como la madre de Taras Bulba. La guerra es la condición normal de la vida, y las meras maniobras se toman tan en serio que las partes enfrentadas olvidan con frecuencia que se trata sólo de una prueba amistosa, y se hacen mutuamente graves heridas. «Los cosacos se enfurecen y no pueden contenerse cuando se les llama a cargar contra el falso enemigo», me dijo un muchacho de Lepsinsk.

El lunes por la mañana me despedí de los estudiantes y, cargando con mi mochila, salí en dirección noroeste en busca de Sergiopol*, vadeé el río Lepsi y subí desde el verde valle donde Lepsinsk yace como en una copa. Las laderas de las montañas estaban repletas de verdor, y las lamiáceas púrpuras eran espesas como en primavera. Cabe señalar que en Lepsinsk no se esperaba que las fresas maduraran hasta dentro de tres semanas, mientras que seis semanas antes, en Tashkent, costaban un penique la libra.

Pasé por encima de las verdes y frescas colinas y jadeé por la pendiente, descendí a través de hermosos prados, dormí una noche en la estación cosaca de Cherkask, tumbado

* Ayagoz.

sobre unos fieltros y casi devorado por los mosquitos en lo que el soldado anfitrión llamaba un jardín. En esta aldea vi un espectáculo lamentable: mujeres kirguises casi desnudas pisando barro húmedo y estiércol para hacer bloques de combustible. Tenían un aspecto asombrosamente bestial y degradado. No parecía que tuvieran alma ni que estuvieran por encima de los animales. Sin embargo, como mujeres jóvenes, probablemente habían sido atractivas y bonitas en su época, e incluso podrían haberse ganado la simpatía de los hombres blancos. Cabría preguntarse si la esposa en la obra de teatro *Cándida*, que se ensuciaba los dedos poniendo queroseno en las lámparas, estaba realmente degradada por la suciedad. Aquí había algo más cercano a la realidad.

Dormí en la arena junto a Gregorievski, y al día siguiente me adentré en el desierto, en una tierra de serpientes, lagartos, agachadizas y águilas. En la orilla del Lepsi vi bosques de los gigantescos juncos con que están techadas las casas y los puentes. Aquí había leguas de juncos de tres metros que se agitaban bulliciosamente al viento, como en una película de cine. En esta zona me advirtieron de la presencia de la boa, pero lo peor que vi fueron pequeñas serpientes de ojos penetrantes que se deslizaban lejos de mí, asustadas por el ruido de las pisadas.

Al mediodía bebí kumis en una yurta kirguís y pedí prestado un caballo para cruzar los difíciles vados, uno de barro negro cubierto de juncos y el otro de aguas rápidas. Me pasé el día arrastrándome con la arena hasta los tobillos y, de no ser porque el sol estaba tapado por las nubes, habría pasado mucho calor. Así las cosas, el polvo y el viento cargado de arena eran muy molestos. A primera hora de la tarde decidí detenerme y me refugié en una de las veinte tiendas de campaña que había instaladas, unas junto a otras, en un agradable pastizal verde que se extendía entre dos recodos del río, un verdadero oasis. Incluso aquí, sentado en la tienda, escuchaba el constante movimiento de la arena sobre el fieltro de los laterales y el techo.

Era un buen lugar para descansar. Un anciano me tendió alfombras y tapetes y me ordenó que durmiera. Me tumbé durante una hora, con la arena cayendo sobre mí todo el tiempo, entrándome en los ojos, los oídos y los labios. Mientras tanto, me prepararon té con unos trozos de té prensado mongol. El viejo kirguís cogió un bloque negro de este polvo de té solidificado y lo cortó con una vieja navaja. El samovar era curioso. No tenía grifo, y goteaba tan rápido como vertía. En consecuencia, se colocaba un cuenco debajo para recoger el goteo. Se llenaba cinco o seis veces antes de alcanzar el punto de ebullición, y el contenido del cuenco se devolvía cada vez al depósito del samovar.

Después del té salí y me senté en un montículo entre el ganado, y vi a los niños conducir ovejas, cabras y vacas, y a las esposas ordeñarlas a todas. Era una escena de alegría y belleza. Había muchas esposas guapas, esbeltas y delicadas, a pesar de su baja estatura, con turbantes blancos en la cabeza y botas en los pies. Mientras iban de un lado a otro, riendo entre ellas e inclinándose sobre el ganado, con los pechos colgando como grandes peras en los agujeros hechos en sus ropas de algodón para la comodidad de sus bebés, parecían una creación muy gentil e inocente. Estas mujeres hacían todo el trabajo del ordeño, y las veía manejar con rapidez ovejas, cabras, vacas y yeguas, vaciando todas, excepto esta última, en receptáculos comunes. Sólo la leche de yegua se guardaba aparte, para hacer kumis. Debo decir que mi gusto se rebelaba contra una mezcla de leche de oveja, cabra y vaca, incluso agria; pero los kirguises no eran tan quisquillosos.

Una vez terminado el ordeño, se encendían hogueras en agujeros oblongos excavados en la tierra fuera de las tiendas: los hornillos kirguises. Se cortaban trozos de cordero, se ensartaban en pinchos y se colocaban sobre las cenizas encendidas en los agujeros. Así se cocinaba la cena. Me llamaron a una tienda y me hicieron sentar en un alto tronco de madera, mientras otros ocho o diez se sentaban debajo de mí sobre alfombras. «Eres un *barin*», dijo el hombre más viejo. «Debes ocupar el asiento más alto». Sentado allí arriba, me trajeron una docena de brochetas de cordero asado en un plato de madera y me invitaron a comer. No me habría sorprendido si me hubieran traído una cabeza de oveja.

—Oh, esto es demasiado para mí —indiqué.

—Come tú primero, luego comeremos nosotros —dijo el anciano.

Así que cogí un pincho y le hice caso. Estaban en la tienda el anciano, su hijo, dos mujeres de este, varios niños, una anciana y un juglar. Fuera y en otras tiendas había muchos yernos, nueras y primos, todo un árbol genealógico de una familia. Entre los kirguises todos los hijos permanecen en la familia del padre y de su abuelo; sólo las muchachas cambian de familia, vendidas o arregladas en matrimonio. Todos los hombres llevaban sombreros, o mejor dicho, bonetes, ribeteados con un ribete de piel de zorro, y los zorros de cuyos muslos se había extraído esta piel habían sido capturados por águilas adiestradas. Los kirguises están muy versados en cetrería, y utilizan diversas aves para cazar diferentes presas: halcones para las grullas, los chorlitos y las liebres. Cazan el zorro, cuya piel es muy preciada, con águilas. Llevan los halcones en las muñecas cuando cabalgan, y para el transporte de aves pesadas tienen apoyos sujetos en sus monturas para sostener el brazo que porta el ave, mientras con el otro sujetan las riendas del caballo. El hombre más interesante de la tienda en la que cené era el juglar. Se trataba de pagano alto y enjuto, vestido con harapos de algodón; tocaba una guitarra de dos cuerdas e improvisó canciones kirguises hasta que el crepúsculo se oscureció y la noche de verano apareció con incontables estrellas sobre el desierto, las tiendas, el ganado y los nómadas.

Cuando me preguntaron si quería dormir dentro o fuera de la tienda, preferí el aire libre, y mis anfitriones me prepararon un sofá con un montón de alfombras sobre una capa irregular de trébol segado. Y allí me tumbé y contemplé cómo las estrellas se colocaban en su sitio en el cielo, como si fueran dirigidas por la batuta de un director de orquesta. Era la víspera de San Juan, una noche de misterio y de recuerdos. Una luna joven me miraba. En las veinte tiendas que me rodeaban había cantos, música y extrañas iluminaciones momentáneas. Dentro de las tiendas, los kirguises prendían fuego a montones de hierbajos de vez en cuando. Estos ardían haciendo que todas las paredes y techos de fieltro de las tiendas brillaran como extraños y enormes farolillos de papel resplandeciente, como fuego reflejado en plata. De repente brillaban intensamente, la luz se iba y la tienda grisblanca volvía a ser opaca.

Durante toda la noche, a través del campamento dormido, sonaron volúmenes de música de gargantas jóvenes, las canciones de los niños que cuidaban el ganado. La quietud de la noche reinaba en torno a esta música, y se intensificaba con el *dun-dun* de las campanillas oxidadas de los camellos, el tintineo de los hierros de los caballos cojeando, el estornudo ocasional de una oveja resfriada y la algarabía de los perros ladrando por falsas alarmas. Me tumbé y fui mordisqueado por las cabras, que intentaban alcanzar el trébol, y también sentí el hálito de las vacas rumiantes.

Así pasó la noche. Orión persiguió a las Pléyades por el cielo. Los ojos que miraban, o permanecían abiertos, y eran observados por las estrellas, se cerraron tras sus párpados. Los duendecillos bailaban entre nosotros, se ponían de puntillas donde dormíamos, hacían diabluras sobre nuestros rostros y ropas polvorientas, y yo soñaba dulcemente con mi hogar y los días pasados.

A la mañana siguiente sentí el cambio de año y esperé con impaciencia el glorioso otoño y la nueva vida que llegaba tras el largo viaje y las prolongadas caminatas.

Me levanté al amanecer y partí antes de que saliera el sol ardiente. El anciano kirguís me dio él mismo mi desayuno, una olla de *airán* y un pastel de *lepeshka*, y se adelantó conmigo, mostrándome el camino hacia Sergiopol.

UNA FAMILIA PATRIARCAL KIRGUÍS

ESQUILANDO LANA FUERA DE UNA TIENDA

Sobre los pastos veraniegos, una tarde fuera de una tienda kirguís

XII

Más allá de la frontera siberiana

CRUCÉ el Lepsi por un puente hecho de viejos barriles de arenque, tomé la carretera a Sergiopol en Romanovskaya y proseguí mi viaje a lo largo de los yermos arenosos y los pantanos salados de las orillas orientales del lago Baljash, donde desemboca el Lepsi. El viento levantaba la arena de modo que había alguna posibilidad de perderse en el camino, y yo me senté algunas horas sobre mi mochila y cerré los ojos para que no me entrara arena. Era un territorio lúgubre, amarillo e inhóspito.

El olor de las hierbas y pastos descoloridos era casi insoportable, y la comida y el agua dulce se encontraban ausentes. Hierbas altas, secas y marchitas, maleza blanca, estepa nudosa y cargada de polvo, viento y arena a raudales —arena en los ojos, en la boca, en el cuerpo—, me sentía una criatura de lo más despreciable y ponía en duda mi cordura por haber emprendido un viaje tan absurdo como este a través del Asia central rusa. Pero me imaginé delante de mí Sergiopol, Semipalátinsk y un clima mejor.

Sesenta kilómetros al norte de Romanovskaya, el camino, que ascendía gradualmente por un largo páramo, se adentraba en un terreno quebrado a través de montañas negras y oxidadas, y aquí había un pequeño desfiladero torcido con un arroyo que lo atravesaba, y era posible sentarse junto a mi pequeño fuego y prepararme té una vez más.

Un poco más adelante la hierba era muy perfumada, y me topé con enormes avutardas, del tamaño de cabras. Flacas marmotas pardas, marchitos tallos de gordolobo, y cómicas grajillas azules posadas en ellos, ladeaban la cabeza y me observaban al pasar. Tras estas escenas hallé riadas de colonos y sus carros. Después, un funcionario y su esposa, durmiendo en traje de noche en su *taranta*, que se movía lentamente, con enormes almohadas en la cabeza, sábanas, edredones y todo lo demás, un ejemplo del don de los rusos para sentirse como en casa.

Cerca de Ince-Agatch[*] conocí a dos alemanes que iban alegremente a pie —como yo—, un botánico y un geólogo. Ninguno de los dos hablaba ruso, pero se sentían tan en casa como en Alemania, quizá más. Me pregunto cuál habrá sido su suerte tras el estallido de la guerra. Hay ciertas actividades internacionales que no conocen restricciones de ámbito nacional o imperial. No creo que el ruso le guarde rencor al alemán por estudiar sus flores y rocas, si no está espiando al mismo tiempo. Probablemente, no deberíamos hacer tanto hincapié en la investigación puramente nacional en ornitología, entomología, geología, botánica, las costumbres de los pueblos, etcétera. Los individuos y su trabajo están dedicados a su nación y a su imperio, pero eso no debería mantener a nuestros científicos prácticos, coleccionistas, ingenieros y estudiantes en una mera porción de la superficie del globo. El Asia central y Siberia rusas reclaman mayor atención de nuestros hombres de ciencia, cazadores y coleccionistas expertos. Los rusos, en conjunto, hacen poco; los alemanes han hecho algo; y sin importar la nación del explorador, aquí yace un vasto campo natural para el estudio de la humanidad.

[*] Dzhus-Agachskiy.

Estos dominios apenas son visitados, excepto por vulgares buscadores de oro y recolectores de rocas, gente de avaricia miserable y poca imaginación. La gran era de la investigación ni siquiera ha comenzado, y aún no se han escrito bibliotecas de libros sobre las maravillas naturales y los asombrosos descubrimientos que se pueden encontrar y hacer en esta mitad de la Asia más salvaje y recóndita. Después de la guerra, Siberia y el Asia central rusa empezarán a atraer más nuestra atención.

LAS CUATRO ESPOSAS DE UN KIRGUÍS RICO

Sergiopol, el último punto en la tierra de los Siete Ríos antes de entrar en Siberia, es una pequeña ciudad bellamente situada, o más bien, un pueblo, ya que ha sido degradado del rango de ciudad. Las colinas y páramos que la rodean son hermosas tierras vírgenes, bañadas por un agradable sol y en las que se respira un aire saludable; pero en sí misma no es más que un lugar miserable, una colección de pequeñas tiendas de ultramarinos y almacenes de algodón. Los tenderos son, en su mayoría, tártaros, que hacen un comercio muy pequeño, aunque lo creen muy grande, y se sienten «apenas ricos». Los vendedores de artículos de algodón son los que más comercian, pues todos los kirguises visten de algodón y dan mucha importancia a su compra. Conocí a un viajante de comercio que fumaba un cigarrillo en la plaza del mercado, un hombre enviado por una de las grandes firmas algodoneras de Moscú, y que llevaba bolsas de muestras a todas las tiendas de la tierra de los Siete Ríos. Los tártaros tardaban tanto en decidir lo que iban a comprar que el comerciante aplicaba un procedimiento novedoso.

Nada más llegar a un asentamiento, sacaba de su cofre ocho bolsas de muestras e iba rápidamente de una tienda a otra, dejando una bolsa en cada una y diciendo que volvería en hora y media. Luego entraba en el mercado, fumaba y charlaba con los visitantes. Si había más de ocho tiendas, hacía una segunda ronda y repartía las bolsas a los demás después de que los primeros hubieran tomado una decisión. Uno podría suponer que no era una buena manera de hacer negocios, pero los tártaros hablaban en su propio idioma, consultaban a sus esposas sobre materiales y colores, y les gustaba estar libres de la presencia de rusos.

El señor hizo un buen negocio. Me dijo que sus productos de algodón encontraban un gran mercado en China. Los chinos y los kirguises eran muy críticos en cuanto a la calidad del algodón, el color y el diseño. No se les podía ofrecer algodón de mala calidad. Era su ropa de domingo y de diario, y su prenda exterior tanto o más que la interior. Su calidad y aspecto importaban. Ni el algodón alemán ni su propia manufactura de Lodz servían. Lodz es el gran centro de producción de algodón de mala calidad, hasta el punto de que el adjetivo *lodzinsky* es un coloquialismo ruso para decir mala calidad, y cuando se dice *lodzinsky tovar* se quiere dar a entender algo «muy cutre». Moscú, sin embargo, produce algodón de buena calidad y bonitos estampados. Manchester ha quedado por detrás de Moscú en este aspecto y tiende a competir más bien con Lodz. Tal vez, después de la guerra, resolvamos esta pasión por lo barato, esta competencia con Alemania en la producción de artículos baratos, y volvamos a nuestro estado anterior a favor de la calidad británica. En Rusia resulta conmovedor que los productos de la mejor calidad se llamen a menudo *anglisky tovar* (productos ingleses), incluso cuando se fabrican en Rusia. Nuestra reputación de minuciosidad perdura.

Aun así, no creo que Gran Bretaña llegue a competir con Rusia en el suministro de algodón al interior. Los rusos e ingleses que viven en Rusia han importado nuestra maquinaria británica y han establecido fábricas que son realmente fábricas británicas en suelo ruso, y se ha fundado un enorme negocio de este modo. Rusia, además, espera poder cultivar suficiente algodón en bruto en sus dominios de Asia central para poder hacer de su negocio algodonero una industria nacional autónoma. El algodón es el material más utilizado para vestir en Rusia, incluso en las ciudades. Las mujeres siguen contentándose con vestidos de algodón y los hombres con blusas de algodón. Cuando lleguen las telas y demás, si es que llegan algún día, la industria del algodón tenderá a disminuir, pero no hasta entonces.

Sergiopol es un lugar de poca importancia. Pero la siguiente ciudad, Semipalátinsk, en Siberia, es una gran ciudad colonial, con más de 35.000 habitantes, más grande incluso que Verny. Por otra parte, Siberia es una antigua colonia rusa, mientras que la región de los Siete Ríos se incorporó al imperio hace sólo cincuenta años y era un desierto. Tal vez incluso ahora sea poco más que un desierto calificado por el riego. Los obstáculos en el camino de un asentamiento exitoso han sido tremendos. Sin embargo, dichos obstáculos están siendo superados. El resultado de medio siglo de trabajo es un claro éxito y una saludable promesa. Cientos de aldeas rusas se han establecido y los canales del pequeño comercio se han mantenido abiertos. Los desiertos amarillos se han vuelto verdes y se han creado cadenas de oasis. Han surgido escuelas e iglesias rusas en el norte de la India, y una cultura esencialmente cristiana se está extendiendo de un modo claramente provechoso para el Viejo Mundo. La colonia precisa de un ferrocarril, y el ferrocarril se está construyendo rápidamente, incluso ahora, en tiempos de guerra. Pues los kirguises, que hacen la mayor parte del trabajo, no son requeridos para el servicio militar. Cuando llegue el ferrocarril, vendrá con él más gente, más colonos, más comerciantes, y se llevarán los productos que los campesinos venderían con gusto. Estamos acostumbrados a pensar que los ferrocarriles estropean los distritos, pero el Asia central rusa, con sus leguas vacías de arena y yermo, sólo se beneficiará del ferrocarril. Este debe ir hacia el este desde Tashkent hasta Verny, y probablemente hasta Gulja, en China, luego hacia el norte, a través de Iliysk y Sergiopol, hasta Semipalátinsk, a través de granjas y asentamientos siberianos, bosques y pantanos, hasta la línea principal siberiana en Omsk. Esto fortalecerá enormemente el Imperio ruso cuando se logre. Será una sabia medida de consolidación del poder.

Vesselitsky señala en su notorio libro sobre Rusia que, mientras que en 1906 la población de Canadá era mayor que la de Siberia, en 1911 Siberia tenía dos millones más de habitantes. Esto es tanto más sorprendente cuanto que Canadá posee ciudades espléndidas y populosas, mientras que Siberia sólo tiene tres ciudades de más de cien mil habitantes. Extraño contraste con la Rusia europea, esta Rusia asiática; sin corte real, sin emperador, sin aristocracia, sin objetivos ni pretensiones modernas, sin poder. Es, en cierto sentido, sólo tundra y taiga, aunque muchos millones vivan allí. Cuando penetre en ella el poder del capital comercial y el deseo ruso de enriquecerse, Siberia comenzará a buscar nuevas riquezas. La Rusia europea y el deslumbrante, aunque algo sórdido, Occidente, ya empiezan a oír hablar de la riqueza de Siberia. Nuestra civilización, centro de atracción, extrae de todas las tierras salvajes del exterior oro, piedras preciosas, pieles. Así que ayudemos a Siberia en el sentido material y pongamos en marcha su vida industrial.

FUNERAL KIRGUÍS

XIII

Sobre el río Irtish

LA circunstancia más interesante de la historia de Semipalátinsk hasta ahora es que Fiódor Dostoyevski, en el exilio, estuvo domiciliado allí. Las ciudades que salpican los páramos de Siberia no son notables. Son jóvenes y en ellas no han sucedido cosas. Pero la lúgubre Semipalátinsk albergó al espíritu más poderoso de la Rusia moderna: Dostoyevski, el autor de *Los hermanos Karamazov*. Así que Semipalátinsk, en las arenas flotantes del río Irtish, alberga ahora la casa de Dostoyevski, donde este vivió, y una calle en su honor. Sin duda, en el futuro será un lugar de peregrinación para quienes deseen comprender la importancia del gran autor ruso.

Semipalátinsk es un aburrido conjunto de casas de madera y almacenes, un importante centro de comercio que funciona en una inmensa zona rural. Lo que más me llamó la atención fueron sus grandes almacenes, con sus amplios suministros de productos manufacturados y todo tipo de lujos. Había por lo menos seis comercios de ese tipo, con hermosos relojes, jarrones, muebles de dormitorio, mandolinas, violines, guitarras, botas vienesas y americanas, alegres sombreros, vestidos de seda, bombones envueltos, promiscuos y pródigos suministros de toda clase de artículos europeos. La cubertería era sueca, las cocinas austriacas, las lanas y los algodones rusos, el papel de cartas americano o francés, la maravillosa loza esmaltada, de níquel y aluminio, era alemana. Sólo los aparatos sanitarios, las desnatadoras y la maquinaria agrícola parecían ingleses. Cuánto más de estas cosas podrían enviarse.

Sin embargo, con todos estos signos de lujo —lujo para los rusos— Semipalátinsk carece de los signos y señales de una ciudad; no tiene alumbrado, ni aceras, ni lugares públicos, ni teatro, sólo un cine. Su paisaje es baldío: arena suelta que el aire retiene incluso en calma, y que entra en los ojos y en la boca. Sus árboles no florecen, y sólo la gente acostumbrada a una vida tranquila podría seguir viviendo allí año tras año. Los campesinos traen la mayor parte de la vida a la ciudad, vendiendo sus productos en el inmenso mercado al aire libre o comprando productos manufacturados para llevárselos a sus granjas.

El ancho río Irtish fluye plácidamente hasta Omsk y miles de kilómetros más hasta el océano Ártico, y es navegado por un considerable número de barcos de vapor y veleros. Es una gran vía fluvial, una especie de mar en el corazón de Asia. Lo sorprendente es que no hayan surgido más ciudades a sus orillas. En la historia del mundo aún no se ha convertido en un río típico. Fluye desde los silencios de las montañas Altái, a través de los silencios del norte de Asia, y el ruido del hombre apenas llega a ser más que un susurro en él. Nunca llega a estar...

> Bordeado de ciudades y ronco
> con mil gritos,

...y no se puede decir que, a medida que avanzamos hacia su desembocadura:

> Las ciudades se agolparán a su vera,
> en una línea más negra incesante;
> y el estruendo será mayor en sus orillas,

más denso el comercio en su corriente.*

Es casi tan tranquilo y sereno como un río en un continente por descubrir.

Permanecí algunos días en Semipalátinsk antes de tomar un barco río arriba hasta Malo-Krasnoyarsk[†]. Fue allí donde me enteré de la sorprendente noticia del asesinato del archiduque de Austria y su esposa. Los periódicos rusos de la época dedicaron mucho espacio a los detalles del asesinato, las represalias tomadas por los austriacos y los cotilleos de Europa. La preocupación de la prensa británica por los asuntos internos fue asombrosa, y en todas las opiniones telegrafiadas de nuestros periódicos representativos no hubo una sola expresión que sobrepasara los límites de lo convencional. Tanto si el asesinato fue planeado políticamente por Alemania, como se ha insinuado, o planeado políticamente por Serbia para vengarse, o se produjo accidentalmente por la pasión de un noble serbio, fue, en cualquier caso, todo un infortunio de consecuencias complicadas.

Tuvo un enorme significado para los diplomáticos y exploradores de horizontes políticos. Por la actitud y el comportamiento de Alemania y Austria se podían calibrar sus intenciones, al menos en Oriente Próximo. Pero no parecía tener la importancia suficiente para concienciar a Inglaterra. Los austriacos trataron de difundir la idea de que Rusia había urdido y comprado el asesinato del archiduque porque temía sus intenciones en los Balcanes. Pero, fuera de los dominios germánicos, ese argumento no tenía peso. Austria amenazaba manifiestamente a Serbia desde el punto de vista político, y algunos británicos se rascaban la cabeza preguntándose: «¿Iremos a la guerra por Serbia?». Entonces

* Versos de Matthew Arnold (1822-1888).
† Malo-Krasnoyarka.

llegó la respuesta aparentemente obvia: «¡No, no por Serbia!», lo que indica bastante bien la ceguera de esa parte de Inglaterra que se hacía oír en aquel momento. Con ese espíritu descuidamos nuestro deber en relación con la Conferencia de San Jaime* después de la primera guerra de los Balcanes, y con ese espíritu alienamos a Bulgaria en la gran guerra europea que siguió.

Austria amenazaba con la guerra, y existía claramente la perspectiva de que Austria y Rusia se enfrentaran.

Lo sopesé en mi mente mientras esperaba en Semipalátinsk, y más de una vez me pregunté si no sería mejor abandonar mi viaje e ir directamente a Rusia occidental. Pero, decidiendo que no quería escribir correspondencia de guerra, llegué a la conclusión de que continuaría mi camino y descansaría, como había pensado, en el verde Altái. Así que dejé Semipalátinsk y subí en un pequeño vapor por el estrecho y rocoso río, pasando por islas boscosas, eriales grises y pantanos esmeralda.

Fue un viaje largo, aunque no monótono. Nos deteníamos en elementales embarcaderos de madera junto a pequeñas aldeas, comprábamos huevos, pescado y fruta a las campesinas y a los niños, retrocedíamos de nuevo a mitad de la corriente, haciendo nuestra gran ola que rompía en las orillas y empapaba a niños y niñas incautos; golpeábamos el agua con nuestro remo, girábamos, nos veíamos libres del embarcadero y de una extensión de agua cada vez mayor entre nosotros y la orilla, encontrábamos nuestro rumbo entre las boyas, evitábamos las presas y los bajíos.

La mañana se convirtió en caluroso mediodía, y llegó la tarde y el crepúsculo, y luego la luminosa noche estrellada, y de nuevo la mañana y el caluroso mediodía. Nos detuvimos

* También llamada Conferencia de Londres de 1912-1913.

en la pequeña ciudad de Ust-Kamenogorsk*, sede de varios campamentos mineros, un poco de civilización cualificada no desconocida para los ingenieros de minas británicos. Llevábamos a bordo un par de sacerdotes, un vendedor itinerante, algunos obreros que volvían de hacer un trabajo y dos docenas de brutos cosacos que habían recibido órdenes de servir en la frontera china.

Resulta bastante interesante reflexionar ahora sobre cómo viajaban lejos del lugar donde se les necesitaría. En aquella época, todos los preparativos para la guerra continuaban a buen ritmo en Alemania; las carreteras estaban llenas de caballos recién comprados por el Gobierno, los trenes llenos de provisiones; en los campamentos militares se estaban llevando a cabo las últimas maniobras con regimientos completos y toda la panoplia de guerra.

Nosotros, en el barco de vapor, viajábamos en la dirección equivocada, lejos de los intereses del mundo, en el centro, río arriba, a contracorriente de las tendencias y de la historia. Un mes más tarde todos regresaríamos, obligados por la declaración de guerra. Aun así, poco contábamos. Teníamos un espíritu festivo. Había varias chicas de instituto y estudiantes a bordo (*gimnasistki* y *kursistki*) y la cubierta se animaba con su algarabía y sus risas. Eran un contraste encantador frente a la áspera Siberia. Los pasajeros de cubierta bebían vodka y cantaban.

Bajo cubierta había una estufa pública, y allí chisporroteaban una veintena de ollas: ollas con mermelada, con huevos, con pescado, con pollos, con leche. Yo me preparaba allí el café, y a menudo lo veía hervir y no podía coger la olla porque otros se ocupaban de la sopa de pescado y las mujeres de quitarle la espuma a la mermelada de fresa. En cada

---

* Oskemen.

pueblecito la gente compraba cosas para cocinar, de modo que a veces se podía pensar que se trataba de una especie de expedición culinaria.

KIRGUISES REZANDO

Así avanzábamos en este momento trascendental de la historia. El río se hizo más rápido y difícil de navegar; serpenteaba por desfiladeros salvajes, donde las rocas estaban rotas y desgarradas, con formas cuadradas y angulosas. Los escarpados acantilados estaban llenos de detalles deliciosos para la vista. Donde los acantilados no eran tan escarpados, la naturaleza había revestido su desnudez con moho y hierba. Pasamos de tramos plácidos que parecían arrojar los rayos del sol sobre el barco, la gente y el cielo, y entramos en la sombra fría e intensa de rocas altas y escarpadas. El agua se volvió verde y sombría. El paisaje cambiaba a cada momento, a medida que tomábamos un nuevo recodo del río y nos adentrábamos en un nuevo territorio a través de las prohibitivas puertas de roca.

A menudo nos encontrábamos en calderas espumosas de las que parecía no haber salida; vagábamos de un lado a otro, viajando tan a menudo hacia el norte como hacia el sur, y vislumbrábamos el sol desde todos los ángulos imaginables, y siempre encontrábamos escapatorias hacia nuevos lugares.

El vapor parecía un juguete al lado de los enormes acantilados de cada lado, y la luz del sol, cuando entramos en él, parecía suficiente para cegar a todo el Altái. Cuanto más subíamos por nuestro sinuoso camino, más altos se hacían los acantilados, hasta que finalmente nos encontramos con peñascos grises de varios cientos de metros colgando sobre nosotros. En las primeras gargantas, el verdor de la vegetación de las colinas se reflejaba en el río en un verde profundo y sombrío, pero en las últimas sólo se reflejaba el gris lúgubre de los acantilados, y el agua plácida y rápida parecía petróleo. Hasta Gusinaya Pristan había árboles —más bien arbustos—, pero eran poco frecuentes y crecían al azar en las hendiduras de las rocas.

Además de nuestro jadeante y humeante vapor, con su densa columna de humo y su persistente lluvia de chispas, en el río sólo había balsas, troncos atados unos a otros y campesinos de pie sobre las plataformas flotantes bañadas por el agua. Parecían muy hábiles en su manejo. En las orillas vimos de vez en cuando tiendas de campaña y aparejos de pescadores, pequeños fuegos con trípodes sobre ellos y viejas ollas negras por las que se adivinaba que se estaba cocinando pescado.

También se veían, ocasionalmente, grupos de personas recogiendo heno en las afueras de las granjas.

Fue un viaje fascinante, y uno no podía apartar los ojos de la escena cambiante, la perspectiva de nuevos paisajes a medida que pasábamos nuevas rocas, las deliciosas vistas laterales, las hendiduras y heridas curadas con abedules y pasto, las maltrechas y dentadas prominencias, azules apagadas, púrpuras, amarillas por la edad y muchos climas.

Todo el mundo esperaba con ilusión la siguiente escena, y el cambio era tan frecuente que nadie se cansaba. Montañas, crestas... la grandeza de estas cuencas rocosas se multiplicaba sobre nosotros de tal modo que nos parecía estar ascendiendo constantemente por el río a través de una alta cordillera.

La noche era maravillosa, sobre todo cuando nos deteníamos para depositar alguna carga o para tomar leña, y salíamos y caminábamos por los acantilados y la arena. Las estrellas del cielo tenían sus gotas de reflejo dorado en el río, y las orillas opuestas y las rocas mostraban su silueta majestuosamente contra el cielo. La navegación de este río será, tal vez, una de las atracciones del futuro. «Las fiestas se llevarán a cabo». Pero allí no hay romanticismo, ni castillos, ni ruinas: sólo la naturaleza, la gris y tumultuosa miseria de la belleza de un continente marcado.

XIV

El territorio del maral del Altái

MALO-KRASNOYARSK, en el Irtish, es un pueblo arenoso y caluroso que se mantiene gracias a la agricultura, la pesca y el cultivo del melón. No tiene árboles, pues nadie parece haberse preocupado de plantar los que podrían haber crecido tan fácilmente, y los kirguises locales se dedican a fabricar bloques de combustible con estiércol. Los montones de estos bloques negros desprenden un olor desagradable cuando el viento sopla sobre ellos. Por lo demás, el Irtish es maravilloso: profundo, verde y rápido, con poderosas corrientes.

Desde Malo-Krasnoyarsk viajé a través de la carretera abrasada por el calor y sobre las vastas extensiones de acre ajenjo que crecen en los páramos. La carretera ascendía hasta las crestas de la cordillera Narimsky*, y a lo largo de ellas hasta el Altái central. A estas alturas, yo había renunciado a transitar a pie, y un viejo con una sucia blusa carmesí me condujo en un carro hasta la aldea de Boye-Narimsky[†], me tomó por tres chelines y estaba dispuesto a llevarme a Kosh-Agach, al otro lado de las montañas, sólo con pedirlo. Kosh-Agach, según sus cálculos, estaba a ochocientos kilómetros, y tendría que planear un viaje de un mes a través de las montañas, alquilar más caballos y comprar provisiones. Se-

* Montañas Narym o Naryn Zhotasy.
† Bolshenarymskoe.

gún él, los comerciantes hacían el viaje con frecuencia, sobre todo tártaros y chinos, para comprar cuernos de maral del Altái.

En las laderas más altas del Altái, la venta de cuernos de ciervo maral (*Cervus canadensis asiaticus*) parece ser, si no el principal, al menos el medio más pintoresco de ganarse la vida. Me adentraba en la región del maral. Aquí los colonos, en lugar de criar ovejas y vacas, crían una especie de ciervo con cuernos muy valiosos: el maral. Los cuernos no son significativos como adorno, hueso o recipiente para beber, sino como medicina. Un comercio muy curioso. Los rusos cortan los cuernos de los ciervos cada primavera, los hierven, los secan y los venden en China, donde se venden a razón de un chelín la onza*, y alivian casi milagrosamente a las mujeres en los dolores del parto, hacen posible que las mujeres estériles tengan hijos, y muchas otras cosas.

—¿Sirve para todo eso? —le pregunté al hombre que me llevaba.

—Eso dicen —dijo él, sin comprometerse.

—¿Pero las mujeres rusas usan esta medicina?

—No, es demasiado caro.

—¿Pero creen en ella?

—No, no la necesitan. No son como las kitankas y las mongolas, que sufren mucho. Estas mujeres chinas son como los camellos de aquí. Los camellos se extinguirían si no fuera por la habilidad que tienen las mujeres kirguises para hacer que se reproduzcan. Se extinguirían, pero las kirguises los mantienen. Lo mismo ocurre con las chinas, que necesitan el polvo del cuerno de maral. Ninguna china importante piensa en casarse sin un par de cuernos de maral en su poder, y si su padre es demasiado pobre para comprarlos, el marido

---

* Una onza equivale aproximadamente a treinta gramos.

debe hacerlo. Todas lo usan, y se puede comprar el polvo en cualquier farmacia de China.

—¿O quizá una imitación? —sugerí.

Mi chófer no pudo decirme si la sustancia podía imitarse. Más tarde, en mi viaje, vi marales, tanto en la carrera como en las inmensas haciendas de maral que los rusos mantienen en su colonia.

Boye-Narimsky era un agradable rincón verde, con un río revuelto, muchos sauces, mosquitos, pantanos. Desde allí el camino subía más y más hacia Maly Narimsky[*] y Tulovka, a través de distritos donde una vez hubo bosques de grandes pinos y ahora son sólo tocones.

Continuamos a través de tierras vírgenes de malvarrosa y espuela de caballero púrpura, y sobre vastas y perfiladas tierras altas cubiertas de verdor, finalmente a la vista de relucientes vetas de nieve y hielo, los glaciares de la cordillera central. Boye-Narimsky, Maly Narimsky, Tulovka, Medvedka, Altaiskaya, Katun-Karagai[†] eran los nombres de las aldeas rusas y las estaciones cosacas en el camino. La mayoría de ellas eran asentamientos bien establecidos, ya que este territorio es Siberia, y no lo que se llama Asia central rusa. Ha estado en manos rusas durante mucho tiempo, y sólo el hecho de que Rusia sea tan vasta, y haya tanto espacio para el esparcimiento de la población, explica el retraso de la colonización del Altái. Rusia nunca ha tenido aquí enemigos de renombre, y tiene muy poco que temer, a menos que los chinos se vuelvan belicosos. Los únicos pueblos que se interpusieron en su camino fueron los apacibles nómadas, los calmucos y los kirguises. Éstos tenían derechos no reconocidos sobre ciertos valles, manantiales, pastos de invierno y de

* Malonarymka.
† Katon-Karagay.

verano, y amurallaban sus descubrimientos con piedras y cantos rodados, sin soñar nunca que a nadie se le ocurriría anexionárselos. Pero cuando los generales rusos venían cabalgando por los valles con sus ingenieros y ordenaban: «Establece una aldea aquí y otra allá, y danos veinte aldeas a lo largo de ese valle», ningún kirguís o calmuco tenía el valor de decir que no, y con una sonrisa melancólica se alejaban sigilosamente, dejando los campos a quienes debían de tomarlos.

Cerca de Tulovka vi los primeros marales, seis veloces ciervos que corrían delante de otros tantos jinetes, apenas dejando atrás a sus caballos, pero no dispuestos a perderse de vista. Los jinetes, que eran cosacos, llevaban reatas en las manos, y yo me preguntaba por qué no disparaban a los ciervos y terminaban de cazar. Sin embargo, un aldeano me tranquilizó.

«No son ciervos salvajes, sino que se han escapado del rebaño», dijo. «Ya no quedan ciervos salvajes; los han capturado a todos. Hace quince años que no se ve un maral salvaje. Los han metido en haciendas y ahora los criamos. Si matasen a estos marales, perderían seis buenos sementales. Un maral macho vale doscientos rublos. Así que la pérdida de uno supone una desgracia. Es muy difícil atraparlos, son muy astutos; y además preferimos no herir sus cuernos al cogerlos. Generalmente, hay que perseguirlos hasta que se agotan por completo. No sirve de nada asustarlos, basta con mantenerlos en movimiento y no darles descanso».

En Medvedka me alojé en casa de un anciano que tenía una granja de marales. Mi anfitrión era un tipo cómico, de algo más de un metro ochenta de estatura, pelo largo, barba espesa, ojos amables y gentiles: hombros de gigante, barriga de ogro, pero andares y modales de niño. Su gran casa de troncos de pino tenía un umbral tan grande que casi podría llamarse balcón, pero los campesinos no tienen verandas. Había escalones para llegar a él, y luego un largo camino cubierto, a un lado del cual estaba la pared de troncos de la casa, en la que asomaban pequeñas ventanas de cristal; al otro lado había una sólida barandilla, donde podías apoyarte y observar los cerdos, los pavos, los gansos, los caballos y los perros en el gran corral de la granja. Más allá del corral y los pastos se extendía hacia arriba la voluminosa e irregular ladera de la montaña, envuelta en una maraña de sombría maleza y majestuosa por los poderosos abetos. La penumbra y el esplendor de las montañas se cernían sobre la gran casa de troncos.

En el porche había toda una serie de cornamentas verdes, con muchas astas, recién cortadas de las cabezas de los marales, algo inusual en cualquier casa de campo. Eran aterciopeladas y peludas; eran suaves al tacto. No eran las astas que los cazadores traen a casa y cuelgan en las paredes, nada duro ni afilado ni temible, sino astas suaves, redondeadas y de pomo liso, sin madurar, aserradas de la cabeza de un ciervo con una sierra.

Mijaíl Nikanorovich, mi anfitrión, me llevó a su hacienda de marales, una extensión de varios acres en la ladera de la montaña, cercada por una gigantesca empalizada, cuyos postes tenían dos metros y medio de altura y eran muy sólidos. El maral es un magnífico saltador, y se sabe que en ocasiones alguno ha superado los dos metros y medio y logrado escapar. Como el granjero tiene que comprar los postes al Gobierno, la construcción de un *maralnik*, como ellos lo llaman, supone un gasto considerable para los campesinos. Un lugar bastante pequeño costaría doscientos rublos.

Mijaíl y yo subimos por la ladera de la montaña hasta llegar a su salvaje recinto. Mi anfitrión llamó a los ciervos del mismo modo que su campesina esposa hubiera llamado a las gallinas, y vinieron brincando hacia él para ser alimentados, pero, al verme, se detuvieron en seco, olfatearon el aire, luego se dieron la vuelta y huyeron a los páramos de su prisión.

—En verano están en este lugar grande, pero a finales de otoño, antes de las nieves, los llevamos a un sitio más pequeño y allí los alimentamos todo el invierno. Es en este lugar más pequeño donde aserramos los cuernos a principios de verano —dijo Mijaíl.

Me llevó al cobertizo donde se aserraban los cuernos.

—Hacemos el primer corte sólo cuando la cría ha cumplido tres años. Los cuernos se cortan en junio y principios de julio, cuando están más desarrollados y valen más. Si los dejamos más tarde, se endurecen y no sirven para nada. Entonces habría que dejarles llevar los cuernos hasta la próxima primavera, cuando en cualquier caso los mudan.

—¿Qué les pasa a los que les han serrado la cornamenta? ¿Se desprenden de los muñones? —pregunté.

—Sí, mudan sus muñones. Eso es en abril o mayo, y entonces cambian su pelaje y generalmente su salud es muy frágil en ese periodo.

Describió cómo se trata al animal durante el aserrado. Se atan las patas delanteras y las traseras con un lazo, lo tiran al suelo, le vendan los ojos y alguien sujeta cuidadosamente la cabeza, evitando que los cuernos sufran daños en todo momento. Asierran el cuerno con una sierra de mano corriente (había una igual en una especie de banco en el cobertizo al que me había conducido el viejo) y, una vez aserrado, se detiene la hemorragia con polvo de carbón y sal, y luego se venda el muñón con lino. La sangre pronto deja de fluir, y el maral, al ser puesto en libertad, olvida y apenas sabe lo que ha sucedido. En su estado domesticado, los ciervos han encontrado una especie de destino alternativo, y los campesinos dicen que a menudo los marales que se escapan en verano vuelven voluntariamente a los cercados para alimentarse y refugiarse en invierno. Aun así, algunos acaban desapareciendo, y aunque el aldeano que conocí antes opinaba que todos los marales habían sido capturados, debe de haber todavía muchos miles sueltos por el vasto e inexplorado Altái. En estado salvaje, son extremadamente tímidos con los seres humanos, y parece que con razón.

El viejo Mijaíl, que era una especie de hombre de tres pisos, correteaba de un lado a otro, inclinando todo el largo de su enorme cuerpo para recoger fresas y frambuesas silvestres, y me llamaba constantemente para servirme fruta. Cuando volvimos a la granja, encontré a su mujer cociéndome un pollo en un cubo sobre una hoguera en el jardín.

Mijaíl me enseñó dónde hervían los cuernos y me explicó el proceso de conservación. Había enormes cofres para el hervido. Los cuernos se metían en salmuera hirviendo, se sumergían y se sacaban varias veces. La dificultad consistía en sumergirlos sin tocar las paredes metálicas de las ollas. Si se tocaban las paredes, la delicada piel podía deshilacharse fácilmente. Tras la inmersión, los cuernos se exponían al aire libre. Se secaban con bastante rapidez y perdían peso; cuando estaban listos para la venta, ya habían perdido la mitad de su peso original. A finales del verano y en otoño aparecían comerciantes chinos y tártaros que hacían grandes fortunas con los cuernos de maral en toda la comarca. En China la sustancia del cuerno se conoce como *ludzon*.

Mijaíl era un campesino extraordinariamente hospitalario, y aquella noche sirvió en abundancia: un gran panal de miel, pues criaba sus propias abejas y poseía una colina salpicada de colmenas blancas; barreños de madera llenos de bayas; mantequilla —y la mantequilla es bastante rara en las casas de los campesinos—; sopa, pollo y bollos blancos.

Tuvimos una divertida charla sobre Inglaterra. Nunca había visto un tren, ni el mar, ni a un inglés, ni a un alemán, ni a un francés, ni a ninguna otra raza que no fuera rusa, kirguís, china, tártara o calmuca. Comparamos los precios de las cosas, y se alarmó mucho por el precio de la carne en Inglaterra. Le hice asombrarse cada vez más.

—Por ejemplo, una liebre —dije yo—. Supongo que aquí no cuestan mucho, pero en nuestro país pagamos seis o siete chelines por una en Navidad.

Mijaíl se quedó atónito.

—¿Qué, por la piel? —preguntó él.

—Oh, no; no valoramos la piel. La tiramos o la vendemos al trapero por dos peniques.

—No querrás decir que pagas eso por una liebre. Aquí guardamos la piel para venderla y tiramos la carne. Es suficiente para los cerdos. Nunca pensé que una liebre tuviera un precio como alimento. No sé si podría decir cuál era el precio de la carne de liebre aquí, no la consumimos.

Esto le dio una idea y finalmente me preguntó si sería posible fletar un camión de carga helada desde Omsk hasta Londres y cuánto costaría.

—No sabría decirlo.

—Bueno —dijo Mijaíl—, suponiendo que pusiéramos un precio nominal de dos kopeks (medio penique) a la liebre exportada desde aquí, podríamos obtener un gran beneficio, y me parece que se podrían llevar a Londres, y habría un gran beneficio para todos los implicados.

Le prometí que estudiaría el asunto, y estaba tan interesado que, a pesar de no haber visto nunca un tren y de no saber leer ni escribir, me hizo anotar cuidadosamente su dirección y llevármela a Inglaterra, donde yo podría dársela a un «viajero», y él se encargaría de lo demás.

—Dile que podemos darle diez liebres por un rublo. Buenas noches —sentenció.

Me disponía a acostarme. Me habían tendido unos abrigos en el suelo.

—Dile que el número de liebres que se pueden encontrar aquí es infinito. Buenas noches —dijo de nuevo.

Y después que me hube acostado, vino a mí otra vez y me dijo:

—¿Estás cómodo? Hubo aquí un hombre una vez que hizo su fortuna exportando pieles de *sarka*. Buenas noches.

A la mañana siguiente me regaló un gran tarro de metal con miel y grosellas negras mezcladas, y él mismo me condujo a Altaiskaya Stanista, la cima del Altái.

En el Altái, tumbas kirguises cerca de Medvedka

XV

La declaración de guerra

ENTRE Medvedka y Altaiskaya hay una hermosa carretera de montaña, a lo largo de un macizo abierto donde los grandes abetos se aferran a la tierra con sus raíces en forma de garra. Aquí y allá, a lo largo de la carretera, hay tumbas kirguises rodeadas de rudas vallas, que recuerdan las empalizadas de las haciendas de los marales. De vez en cuando uno se topa con una cabaña rusa, un arroyo de montaña que cruza la carretera, bosques de tocones y, de nuevo, bosques de esos abetos gigantes que se yerguen como árboles contra el viento, anchos en la base, puntiagudos en el ápice, y cada rama es un hijo fuerte.

En Altaisky me propuse quedarme unas semanas, y luego cruzar las montañas hasta la carretera de Kosh-Agach, hacia el norte, en dirección a Bisk; pero las noticias de guerra se cruzaron con mi plan aquí, y no pude seguir más allá del Altái. Pero pasé quince días tranquilos en un lugar maravilloso: Altaiskaya, frente al monte Beluja, uno de los grandes picos nevados que se alzan aquí como centinelas entre China y Siberia.

Allí hice varias excursiones a pie. Sería un lugar espléndido para pasar todo el verano. Hay sitios tan plácidos e idílicos que inducen a exclamar: «¡Cielo santo, esto es un verdadero paraíso!». Cuando has estado allí un día, quieres quedarte allí para siempre, o irte y volver una y otra vez. Así fue en el pequeño Bobrovo, en el Dvina, y así también en Altaisky. Me dije a mí mismo que vendría aquí otra vez, pasaría seis meses y escribiría una historia larga e interesante. Y le pediré a «Pan» que venga y escriba una historia maravillosa. «Pan» es un amigo inglés, un ser humano grande, alto, amable y de aroma grato, que sólo con respirar el aire de un lugar con su nariz podría contarte lo que ha sucedido en cualquier momento.

Altaiskaya estaba llena de la frescura de la juventud, con su aire que me daba alas y sus valles llenos de flores magníficas. Tengo la costumbre, adquirida hace mucho tiempo, de asociar una frase del padrenuestro con la cosa más hermosa que he visto durante el día, y si no he visto nada hermoso, y he estado llevando una vida aburrida en una ciudad, mi mente se remonta a ciertas vistas fantásticas del pasado. La mayor parte de las veces se va a los yermos cubiertos de amapolas carmesí en el Asia central rusa, y ocasionalmente al verdor y esplendor del Altái y sus campos de espuela de caballero, acónito azul, púrpura y amarillo, sus alondras azules de China, y las alondras azules y púrpuras. Un lugar maravilloso para las flores. Aquí hay extensiones de salvia azul, pétalos de grulla malva que asoman por todas partes, amapolas color azafrán, hierba del Parnaso, campánulas, flores de musgo rosa, cabezas de cardo gigantes, genciana e iris siberiano.

A las afueras del asentamiento cosaco era el final del verano, y los lustrosos frutos de las peonías estaban pasando del verde al carmesí, abriéndose para mostrar hileras de semillas de dientes negros. Pero a medida que se ascendía hacia la nieve, la estación cambiaba, y era posible recuperar la primavera perdida.

El lado sur de las montañas parecía estar muy desolado, pero nuestro lado, el norte, era verde. Resultaba relativamente fácil llegar a zonas donde podría pensarse que ningún ser humano había pisado jamás: bosques primitivos cubiertos de musgo, donde no había huellas, ni flores, nada más que abetos y verdín. Innumerables árboles habían caído, y el musgo había crecido sobre ellos, y, al trepar por ellos, uno se ayudaba de árbol en árbol, haciendo equilibrios para encontrar un punto de apoyo. Por encima de esta jungla se extendía una ladera escarpada y poco poblada de abetos jóvenes, y luego una roca gris, estéril y resbaladiza. Maravillosas repisas y simas, fisuras, precipicios y caminos de subida sin posibilidad de bajada, senderos sembrados de cantos rodados y fuentes de agua burbujeante, arroyos blancos como la leche y otros cristalinos.

Me alojaron muy bien en casa de una próspera familia cosaca. Salvo por el hecho de que había una terrible monotonía en sus cenas, no tenía motivos para quejarme. Todas las noches, a mi regreso, había «chuletas» de ternera, panecillos blancos con mantequilla, una jarra de leche y el samovar. Toda la familia se pasaba el día entero en el campo trabajando y no tenían tiempo de cocinar.

La mayor parte de mis días transcurría junto a un pequeño río de montaña, donde construí una especie de calzada con rocas, desvié el cauce e hice una piscina profunda... ocupaciones apasionantes. Aquí también encendí una hoguera y preparé café, patatas asadas y mermelada de grosellas. En algunos arbustos colgaban tiras de grosellas rojas, que eran tan espesas que se podía recoger una maceta en un cuarto de hora. Aquí también compré y releí treinta o cuarenta ejemplares de *The Times*, guardados para mí, con cartas, en la oficina de correos de Semipalátinsk. Allí estaban todos los detalles de la disputa política sobre el Ulster, la dimisión de sir John French (como se le llamaba entonces), del coronel Seely, los vigorosos discursos de míster John Ward, las brillantes defensas del señor Asquith. Parecía que avanzábamos silenciosa y mansamente hacia una fulgurante rebelión o guerra civil en Irlanda, y nadie parecía deplorar la perspectiva de la contienda. El Gobierno, nominalmente partidario de la paz a toda costa, era incapaz de impedir que sus adversarios obtuvieran armas y, por lo tanto, permitía que sus amigos se armaran.

En general, parecíamos estar cansados de las aburridas bendiciones de la paz, cansados de la paciencia con la paz. Sin embargo, no estábamos preparados para la lucha que se avecinaba, aunque ciertamente estábamos dispuestos a tomar las armas.

Es asombroso que con nuestros muchos personajes internacionales —esos periodistas diplomáticos nuestros— no supiéramos lo que se avecinaba, o que nadie se esforzara por desengañarnos. Los periodistas en el extranjero, aunque no estén en contacto con las Cortes y sean poco influyentes, tienen, sin embargo, muchas más posibilidades de comprender las situaciones internacionales que los ministerios de Asuntos Exteriores. ¿Por qué casi siempre engañan? En nuestro país, un cierto glamour cubre la personalidad del políglota que escribe sobre tribunales extranjeros y políticas exteriores, pero como observador de la prensa durante muchos años, puedo dar mi opinión de que, como nación, no ganamos mucho con las plumas de esos periodistas que entran y salen de las cancillerías y son bien conocidos en tribunales extranjeros. En cualquier caso, en lo que se refiere a los que se ocuparon especialmente de Alemania, Austria y los Balcanes en el momento del estallido de la guerra, o estaban ciegos y eran ignorantes, lo cual es impensable, o estaban implicados de algún modo en la gran intriga alemana.

El silencio reinaba en Europa, y al amparo de ese silencio, qué tremendos preparativos se estaban llevando a cabo, qué prisas se daban en un lado y otro. Es asombroso recordar ahora aquellas serenas y felices semanas en el Altái y sentir el contraste de la inocencia de la naturaleza frente a la conspiración diabólica en las mentes de los hombres. Si hay demonios en el mundo, espíritus malignos que se oponen a los espíritus del bien, qué triunfo fue el suyo ante el próximo estallido del conflicto mundial. Detrás de la cortina de este silencio sonaban los cuernos que anunciaban los grandes fastos de la muerte, la voladura de los templos donde habita el espíritu del hombre, la orgía de la fealdad y la locura. Pero al no estar, de ningún modo, sintonizados con este mundo oculto, no los oímos.

MOVILIZACIÓN EN EL ALTÁI — LA ALDEA SE QUEDÓ DESHABITADA

Era tiempo de vacaciones, finales de julio, el gran momento de liberación del inglés, cuando, aunque siga trabajando en la oficina o en la fábrica, deja de esforzarse y se dedica a holgazanear en su trabajo. Su mujer y su familia se han ido a la playa. Dentro de una semana se reunirá con ellos. Mientras tanto, «acampa en casa». El joven, mientras tanto, compra botas robustas y las engrasa para ir de excursión, escudriña mapas y guías, hace absurdas tablas de kilometraje y calcula posibles facturas de hotel y gastos. Los profesores, con los niños, son liberados de las escuelas, y los primeros se van de excursión a la Politécnica y demás, mientras los segundos dibujan con tiza misteriosos diagramas en las aceras y juegan a la rayuela, o cantan «Un elefante se balanceaba» o «Cinco lobitos». Se celebran los matrimonios, poco de moda pero numerosos, de quienes deben hacer coincidir la luna de miel con las vacaciones anuales, y las felices parejas sacan billetes de Thomas Cook para Estrasburgo, el Tirol o Múnich.

Y los rusos, que tienen que escapar de sus compatriotas y no les gustan los desagües de sus propios abrevaderos, se van a los baños alemanes y a los balnearios de Bohemia y Austria. Los estudiantes viajan a Suiza. Mientras en todo el territorio alemán se dispone a caer la guillotina de la guerra. En todas las oficinas de cambio de Charing Cross y en la City se pueden comprar marcos alemanes, aunque no hay mucho oro. Se puede conseguir oro francés, inglés y ruso en casi cualquier cantidad, y en Thomas Cook se venden billetes de hotel alemanes para todo agosto.

Una perezosa tarde de julio me senté en los escalones de madera que conducían a mi veranda y hablé con un cosaco sobre las guerras en general, sobre las perspectivas de guerra que había en aquel momento; y llegamos a la conclusión de que posiblemente habría guerra con Austria. Era una conversación de lo más ociosa, pero el cosaco vivía para una nueva guerra, y no quise desanimarle. Él, por su parte, más bien esperaba una guerra más cercana; una con China le convendría, pero consideraría con agradecimiento una guerra con Austria si no hubiera otra cosa disponible.

Marché por una calle periférica del pueblo hasta la pequeña oficina de correos que da al muro de los Blancos, como llaman al Altái, y hablé con el jefe de correos sobre los *maralniki*, y él cerró la oficina para salir y enseñarme dónde estaba su hacienda. Aquí también había varios *maralniki*, que yo sorprendía cuando trepaba por las crestas, y los ciervos, al verme, salían corriendo. El pueblo tenía una fábrica de mantequilla, y yo solía ir allí y esperar durante las últimas fases de producción por una libra de mantequilla, y, sentado en un cubo boca abajo, charlaba con otros aldeanos.

Enfrente de la cabaña donde me alojaba vivía el cura, y a menudo se acercaba a charlar. La iglesia era el siguiente edificio después de la casa del cura, y era un pequeño y hermoso templo de madera construido por los propios campesinos. No tardé en integrarme en la vida del asentamiento y, cuando llegaron las noticias, enseguida se pensó que yo era la persona más indicada para solicitar información.

El 30 de julio, después de un largo día en las montañas, dormí serenamente sobre los abrigos en el suelo de mi morada cosaca. A la mañana siguiente llegó el joven jinete con la bandera roja ondeando de su hombro, y la tremenda excitación y el clamor de la recepción del *ukase* de movilización para la guerra. Como describí en mi libro *Rusia y el mundo*, a los cosacos no se les dijo contra quién era o sería la guerra, y una de las primeras conjeturas que hicieron fue que la guerra debía ser contra Inglaterra; la vieja y astuta Inglaterra, que siempre se interponía en el camino de Rusia y que de nuevo se estaba poniendo del lado de los turcos, o temía que Rusia atacara a la India.

Por fin llegaron las verdaderas noticias, y con ellas la necesidad de regresar a Europa lo antes posible. La guerra irrumpió en mi verano, como a miles de otras personas, dividiendo mi vida en dos partes muy distintas. En el pueblo de Altaisky debía de trazar la línea que dividía mi pasado y mi presente. La historia de mi viaje llegó, de este modo, a su fin.

EL CAMPAMENTO DE ALTAISKAYA, VISTA DEL MONTE BELUJA DETRÁS

www.ingramcontent.com/pod-product-compliance
Lightning Source LLC
Chambersburg PA
CBHW010448010526
44118CB00019B/2508